D1672519

Ayurveda für die Seele

Dr. Aruna Bandara

Ayurveda
für die Seele

O.W. Barth

Die in diesem Buch vorgestellten Übungen und heilsamen Methoden werden z. T. seit vielen Jahrhunderten praktiziert und auch in unserer Zeit unterrichtet und ausgeführt. Sie können den Leser zu Gesundheitsvorsorge und Selbsthilfe bei alltäglichen Beschwerden anleiten. Keinesfalls jedoch sollen sie ärztlichen Rat oder ärztliche Hilfe ersetzen. Eine Haftung der Autoren und des Verlags sowie der anderen an diesem Buch beteiligten Personen für etwaige Schäden, die sich aus dem Gebrauch oder Missbrauch des in diesem Buch präsentierten Materials ergeben, ist ausgeschlossen.

www.fischerverlage.de

Erschienen bei O.W. Barth, ein Verlag
der S. Fischer Verlag GmbH, Frankfurt am Main
Copyright © S. Fischer Verlag GmbH, Frankfurt am Main, 2006
Redaktionelle Begleitung: Christian Salvesen
Satz: MedienTeam Berger, Ellwangen
Druck und Bindung: Ebner & Spiegel, Ulm
Printed in Germany

ISBN-13: 978-3-502-61160-8
ISBN-10: 3-502-61160-2

sarve bhavantu sukhina
sarve santu niramaya
sarve bhadrani pashayantu
ma kaschhit dukha bhang bhavet

Mögen alle Wesen mit Wohlgefühl gesegnet sein
Mögen alle frei von Beschwerden sein
Mögen sich alle glücklicher Ereignisse erfreuen
Und möge über niemand ein Leid kommen.

(Niriyama-Mantra)

Ich widme dieses Buch meinen liebevollen Eltern
und all den freundlichen Seelen,
die mir in meinem Leben begegnet sind.

Aruna Bandara

Inhalt

Einleitung

Ayurveda wird meist übersetzt mit »Wissen vom Leben«. Es ist allerdings ein mit Weisheit und Mitgefühl verbundenes Wissen. Darin schwingt eine tiefe und umfassende Liebe zum Leben. Lieben wir das Leben? In diesem Buch möchte ich Sie bitten, sich selbst zu fragen: Wie stehe ich zum Leben? Was erwarte ich vom Leben? Wofür kann ich dankbar sein? Wo hat es mich bisher enttäuscht? Fühle ich mich womöglich vom Leben betrogen? Aus diesen unverblümten Fragen und ehrlichen Antworten werden die eigentlichen Lösungen für Ihre Probleme erwachsen.

Ayurveda folgt als Wissen oder Wissenschaft vom Leben durchaus rationalen Prinzipien und objektiven Gesetzen, ähnlich wie die westliche Schulmedizin. Doch wer, wie ich, sowohl in der traditionellen Ayurveda-Heilkunde als auch in der modernen Medizin ausgebildet ist, kann natürlich gut die Unterschiede und Gemeinsamkeiten zwischen beiden Richtungen erkennen. Im Jahrtausende alten Ayurveda stellt die objektive, logische Herangehensweise nur einen Aspekt, eine relativ kleine Schicht des Gesamten dar. In der heutigen Naturwissenschaft ist sie dagegen ausschlaggebend. Mit vielen, auch sehr komplizierten körperlichen Vorgängen kann diese rationale Wissenschaft ganz gut umgehen. Doch je näher wir dem seelischen Bereich kommen, desto weniger helfen die technisch hoch entwickelten Apparate, Methoden und Medikamente.

Haben Sie schon mal Ihren Hausarzt gefragt: »Herr Doktor, können Sie mir sagen, was die Seele ist?« Er wird vermutlich ebenso ratlos sein wie Sie selbst. Sicher, es gibt viele Psychologen und Psychotherapeuten, die psychische und psychosomatische Störungen mit den unterschiedlichsten Therapien behandeln, sehr oft mit

Medikamenten, die auf das Gehirn einwirken. Was wir als seelisch einstufen – Emotionen, Depressionen, Konzentrationsschwächen und vieles andere, worauf ich in diesem Buch eingehen werde –, hat nach Ansicht der meisten westlichen Experten und Ärzte mit dem Gehirn zu tun. Als wäre das Gehirn der Sitz der Seele, ja, als wäre das Gehirn selbst unser innerster Kern.

Diese uns allen sehr geläufige Auffassung entspricht überhaupt nicht dem Verständnis des Ayurveda. Das ursprüngliche »Wissen vom Leben« geht von völlig anderen Voraussetzungen aus. Wenn ich gelegentlich lese, wie manche Hotels und Wellness-Einrichtungen für den Wohlfühlaspekt von Ayurveda werben, kann ich nur ungläubig den Kopf schütteln: »Lassen Sie mal Ihre Seele baumeln«. Wie kann ich »meine« Seele »baumeln« lassen? Wenn überhaupt, könnte umgekehrt die Seele mich baumeln lassen!

Es geht natürlich erst einmal um ein Verständnis des Begriffs »Seele«. In der indischen Philosophie der Veda, aus der Ayurveda hervorging, ist die Seele kein Gefühl und keine Idee, die wir mal kurz wie feuchte Unterwäsche zum Durchlüften in den Wind oder in die Sonne hängen. Die Seele (Brahman, Atman) ist vielmehr ein enormes, unbegrenztes Feld von Energie und Bewusstsein, in dem wir als persönliche Individuen auftauchen, leben und verschwinden. Wir *haben* keine individuelle Seele, wir *sind* eine allumfassende Seele. Viele spirituelle Traditionen benutzen zur Veranschaulichung das Bild der Welle im Meer. So wie die Welle ein kleiner Teil des Ozeans ist, doch nicht getrennt von ihm, so ist jeder von uns eine einzigartige Erscheinung und ein individueller Ausdruck des Lebens. Jedes Wesen *ist* Leben und mit seiner unbändigen, unendlichen Kraft aufs Innigste verbunden. Doch niemand kann es kontrollieren, auch wenn der Verstand uns das gern glauben machen möchte. Der Verstand mit all seinen Wissenschaften und Gefühlen ist selbst ein Instrument des Lebens, nicht sein Meister.

Diese Auffassung von Seele, Verstand und Ich, die ich vor allem im zweiten Kapitel vorstellen werde, mag etlichen Lesern bereits bekannt, anderen fremd sein. Doch selbst wenn Sie – der Sie wohl grundsätzlich ein westliches Weltbild pflegen – schon davon gehört oder darüber gelesen haben, werden Sie zugeben, dass es nicht leicht ist, diese neue Perspektive einzunehmen. So schadet es nicht, diese Zusammenhänge immer wieder zu hören, denn in den üblichen Nachrichten, Kultur- oder Ratgebersendungen ist davon ja nicht die Rede. Zuvor können Sie sich im ersten Kapitel mit den philosophischen und praktischen Grundprinzipien des Ayurveda und meiner Art zu diagnostizieren und zu behandeln vertraut machen.

Im dritten Kapitel geht es um die Psychosomatik, ein Gebiet, auf dem sich westliche Medizin und östlich-ganzheitliche Heilweisen begegnen. Viele der im zweiten Teil des Buches erörterten Probleme sind nach schulmedizinischer Diagnose »psychosomatisch« bedingt. Deshalb ist es für das weitere Verständnis und die Selbstbehandlung wichtig, einige grundlegende Zusammenhänge zwischen Körper (Soma) und Seele (Psyche) zu verstehen.

Im zweiten Teil thematisiere ich einige der heute häufigsten gesundheitlichen Probleme, die mehr oder weniger offensichtlich mit seelischen Störungen zu tun haben: Ängste, Schmerzen, Depressionen, Stress, Konzentrationsschwäche, Allergien, Menstruationsprobleme, Süchte, sexuelle Störungen, Schlaflosigkeit und das Altern. Diese Probleme stehen nicht isoliert da, sondern sind miteinander verbunden. Sie haben mit Angst und Stress, mit mangelndem Selbstvertrauen und unserer Unsicherheit in der Gesellschaft und im Leben zu tun. Ich gehe jeweils auf die unterschiedlichen ayurvedischen Konstitutionstypen (Doshas) ein und schlage konkrete Selbsthilfemaßnahmen vor.

Der dritte Teil des Buches bietet Ihnen Yoga und Meditation zur allgemeinen Unterstützung Ihrer ganzheitlichen Gesundheit an. Die praktischen Übungen erinnern uns an die einfachen Gesetze des Lebens: Schade niemandem – weder dir noch anderen. Vermeide Extreme. Freue dich am Leben. Genieße jeden Moment so bewusst wie möglich. Alles hängt zusammen. Das Leben ist ein Mysterium, ein unverdientes Geschenk, eine Gnade, eine unendliche, unvorhersehbare Reise. Möge dieses Buch Mut machen und jeden Leser darin bestärken, dem Leben zu vertrauen und seine Reise mit Freude und Dankbarkeit fortzusetzen – wohin auch immer sie führen mag!

Teil I

GRUNDLAGEN UND PHILOSOPHIE

I DIE TRADITION DES AYURVEDA

Wie Ayurveda in die Welt kam

Ayurveda kommt von den Göttern und Weisen, die das Wissen in den heiligen Schriften der Veden übermittelten. So lernte ich es noch auf der Universität. Natürlich wussten unsere Lehrer und wir Studenten, dass westliche Wissenschaftler über eine solche Ansicht die Nase rümpften. Doch in den Mythen steckt viel Wissen und Wahrheit. Es ist so weit und tief, dass wir noch lange Zeit immer wieder Neues darin entdecken werden. Historisch lassen sich die Mythen nur schwer beurteilen. Für das, was sie uns mitteilen wollen, ist es jedoch nicht so wichtig, wann genau eine Botschaft empfangen und weitergegeben wurde.

Am Anfang stand die Bitte des Menschen an die Götter um Hilfe. Die Götter drängen den Menschen ihren Rat nicht auf. Sie geben ihn nur, wenn sie dringend darum gebeten werden. Wir kennen das aus unserem eigenen Leben. Gerade in Verzweiflung und Not kommt oft eine unerwartete Hilfe. Wir sind in solchen Situationen vielleicht besonders offen. Eine plötzliche Einsicht, der gute Rat eines Menschen, von dem wir es womöglich am wenigsten erwartet hätten.

Jedenfalls: Der Legende nach trafen sich vor rund 5000 Jahren am Fuße des Himalajas die bedeutendsten Gelehrten und Ärzte aus Indien, Nepal, Sri Lanka und Teilen Südostasiens. Sie wollten die Menschen von ihren Leiden befreien. (Es waren anscheinend andere als heute.) Sie beklagten sich zum Beispiel darüber, dass die Zeit eines Menschenlebens zu kurz bemessen sei, um sein eigenes Glück zu machen, alle weltlichen und spirituellen Pflichten zu erfüllen, die Gnade der Götter schätzen zu lernen und den wahren Sinn des Lebens zu erkennen. Könnte man das Leben verlängern, wären die Chancen vielleicht besser! Die diskutierten Probleme schienen überwältigend, und so fragten die Weisen die Götter um Rat. Ich nehme an, sie meditierten, hielten Rituale ab, gingen mit Hilfe von Kräutertränken und Trommelrhythmen in Trance.

Indra, der Gott der Unsterblichkeit, soll den Schlüssel des Ayurveda einem Weisen namens Bharadvaja übergeben haben. Über andere Weise wie Atreya und Agnivesa gelangte das »Wissen vom Leben« schließlich zu dem Gelehrten und Arzt Charaka, der es erstmals aufschrieb. Sein Buch, die Charaka-Samhita, bildet für alle Studenten des Ayurveda – zumindest in Sri Lanka – das Grundlagenwerk, neben zwei anderen Klassikern: der Sushruta-Samhita, die sich vor allem mit Chirurgie befasst, und der einige Jahrhunderte später entstandenen Ashtanga Samgraha von Vagbhata.

Zu der legendären »Ärztekonferenz« sollen aus Sri Lanka Experten für Haut-, Augen- und Knochenkrankheiten gekommen sein. Das war zu der Zeit, als König Ravana herrschte, der selbst ein bedeutender Heiler war und das Prinzip der Destillation entdeckte. Doch zunächst war Nordindien der Mittelpunkt der ayurvedischen Lehre, vor allem die Universitätsstadt Taxila, in der auch Charaka lehrte. Der große Kaiser Ashoka, der im 3. Jahrhundert v. Chr. den Buddhismus in Indien und darüber hinaus förderte, liebte diese Stadt und ihre Kultur. Von hier aus ließ er die Ayurveda-Lehre verbreiten.

Weitere Entwicklung des Ayurveda bis heute

Die »Lehre vom Leben« beeinflusste viele Kulturen im asiatischen Raum – besonders die chinesische und die tibetische Medizin. Aber auch berühmte griechische Ärzte wie Hippokrates und Galen, und später arabische wie Avicenna, griffen Erkenntnisse des Ayurveda auf und beeinflussten so auch die abendländische Medizin. In Indien jedoch wurde die ayurvedische Tradition von den muslimischen Arabern, noch stärker aber von den Engländern unterbrochen, ja fast ausgelöscht; denn Ayurveda wurde verboten. Die westliche Medizin galt als die einzig wahre. Alles andere wurde als Quacksalberei und Zauberei denunziert. In abgelegenen Dörfern praktizierten die Heiler jedoch weiter. Die Menschen brauchten ihre Hilfe. So ist es in vielen ländlichen Gebieten übrigens auch heute noch. Die Grundkenntnisse des Ayurveda mit seiner Pflanzenmedizin, aber auch mit einer guten Portion Geisterglauben vermischt, überdauerten trotz Unterdrückung durch die Briten. Zu Beginn des 20. Jahrhunderts kam es dann zu einer revolutionären Rückbesinnung. Und Ayurveda wurde allmählich an indischen Universitäten etabliert.

Der eigentliche Boom begann aber erst Mitte der 70er Jahre. Touristen, die in Südindien und Sri Lanka ayurvedische Behandlungen genossen hatten, verbreiteten die frohe Botschaft unter Freunden und Bekannten. Westliche Ärzte, Therapeuten und Heilpraktiker kamen nach Indien und Sri Lanka, um Ayurveda zu studieren. 1978 stellte die Weltgesundheitsorganisation (WHO) fest, dass Ayurveda das beste alternative Medizinsystem in den Entwicklungsländern sei. Der erste internationale Ayurveda-Kongress fand 1983 statt.

Heute wird Ayurveda in vielen Hotels als Wellnesskur angeboten – in Sri Lanka, in Deutschland, fast überall auf der Welt, wo man entspannt Urlaub machen kann. Diese Art von Ayurveda ist beliebt und gefragt. Manche kritisieren aber auch, dass sie zu oberflächlich sei. Aus meiner Erfahrung möchte ich aber sagen, dass bei jeder Beratung das ganze Wissen des Ayurveda-Arztes gefordert ist. Auf seinen Wissensschatz und seine Erfahrung kommt es an. Und nicht darauf, wo er praktiziert. Selbst wenn jemand nur drei Stunden Behandlung gebucht hat, geht es eben darum, für diese kurze Zeit die bestmögliche Kur zu finden.

Studium in Sri Lanka

Anfangs war ich bei meinem Ayurveda-Studium nicht so begeistert bei der Sache. Ich wollte eigentlich zum Militär. Meine Eltern waren darüber entsetzt. Mein Vater arbeitete als Apotheker, meine Mutter als Krankenschwester, beide mit westlicher Ausbildung und Orientierung. Auf dem Gymnasium hatte ich natürlich westliche Bildung, Natur- und Geisteswissenschaften genossen. Doch mein Großvater mütterlicherseits beeindruckte mich mit seiner Weisheit. Er kannte die alten ayurvedischen Kräuter und wendete sein Wissen für sich selbst an. Mit westlicher Medizin wollte er nichts zu tun haben. Wir Kinder – ich bin der Älteste unter vier Brüdern und einer Schwester – wurden buddhistisch erzogen. Mein Großvater gab mir viel von seiner Weisheit mit auf den Weg.

In Sri Lanka folgen wir dem Rat der Eltern und Großeltern. Mein Vater sagte nach dem Abitur zu mir: »Versuch es doch mit Ayurveda!« Das war Anfang der 80er Jahre. Es gab damals schon einige Touristen, die wegen Ayurveda nach Sri Lanka kamen. Aber das war für mich nicht ausschlaggebend. Ich war einfach unschlüssig. Militär? Sport, Herausforderung, Nationalstolz, Männlichkeit. Das reizte mich. Ayurveda? Kräuter mischen, Sanskrit lernen – nein danke! Und dennoch folgte ich dem Rat meines Vaters und meines Großvaters und schrieb mich am Wikrama Arachi Ayurveda Institut an der Kalaniya Universität ein. Das Studium dauerte fünf Jahre. Zusammen mit 50 männlichen und weiblichen Mitstudenten belegte ich neben ayurvedischen Fächern auch Sanskrit, Hindi, Englisch und natürlich westliche Medizin. Insgesamt studierten an dem Institut damals etwa 400 Studenten Ayurveda.

Die ersten zwei Jahre lernte ich wie ein Papagei alles auswendig. Die Ayurveda-Verse (Slokas) von Charaka, Sushruta und Vagbhata, die Yogaverse (Sutras) des Patanjali, die Veden und die Lehren Buddhas. Etwa 1500 Verse auf Sanskrit kann ich auch heute noch rezitieren, und sie helfen mir für mich selbst und bei der Beratung anderer. Allerdings wurde mir erst im dritten Jahr meines Studiums bewusst, welch ein Schatz mir hier vermittelt wurde. Es war kein plötzliches Aha-Erlebnis, eher ein allmählicher Prozess des Begreifens. Verschiedene Faktoren kamen dabei zusammen.

Ich sollte für ein Zwischenexamen 250 wertvolle und zum Teil sehr seltene Pflanzen sammeln und dokumentieren. Dabei lernte ich neu zu sehen. Wie fein jedes einzelne Blatt strukturiert war, mit all den vielen kleinen Äderchen! Und auf welch vielfältige Weise wir sie für unsere Gesundheit nutzen können! Ich musste ja nicht nur einen Teil der Pflanze in einer Folie präsentieren und die vielen Namen dazuschreiben, die in Sri Lanka, Indien, Tibet und in der westlichen Medizin bzw. Botanik (in Latein) benutzt wurden und werden. Ich sollte auch beschreiben, welche Wirkstoffe in der Pflanze bei welcher Krankheit optimal zu nutzen sind. Da begriff ich: Ayurveda ist ein Wissen, das man sich ein Leben lang aneignen muss. Das stachelte das feurige Element (Pitta) in mir an: Begeisterung und Neugier.

Dazu kamen intensivere Gespräche mit meinen Lehrern und die gemeinsame Diagnose von Krankheiten bzw. Unausgewogenheiten bei den Patienten. Wir saßen in einer kleinen Gruppe von vier oder fünf Studenten zusammen und beobachteten genau, wie unser Lehrer einen Patienten untersuchte und befragte. Anschließend diskutierten wir den Fall und sollten Kuren vorschlagen. Ich staunte immer mehr, wie meine Lehrer selbst schwer kranke Menschen in wenigen Wochen kurierten.

Und nicht zuletzt: Meine neu gewonnenen Erkenntnisse halfen auch mir selbst bei zwei gesundheitlichen Problemen: Ich hatte einen Husten, der monatelang andauerte. Die westlichen Medikamente halfen nicht. Schließlich verschrieb mir einer meiner Ayurveda-Lehrer einen süßen Saft, und der Husten verschwand nach wenigen Tagen. Ähnlich war es bei einem unangenehmen Jucken in den Handflächen und auf den Fußsohlen – zu viel Pitta (Feuer), das war mir schon klar. Doch auch hier halfen, nach etlichen Versuchen mit westlichen Medikamenten, schließlich ayurvedische Kräuter-wickel, die Beschwerden zum Abklingen zu bringen.

Und so entstanden Begeisterung, Dankbarkeit und, ja, auch ein gewisser Stolz, an diesem wunderbaren und machtvollen Wissen teilhaben zu dürfen.

Die acht Ayurveda-Fächer

Charaka definiert Ayurveda sehr weit: »Ayurveda behandelt gutes und schlechtes, glückliches und unglückliches Leben, seine För-derer und Nichtförderer, sein Maß (Lebensdauer) und seine Natur.« (1)

Ayurveda berücksichtigt alle Faktoren, die überhaupt von Men-schen erfahren werden können. Nichts wird ausgeschlossen. Um dieses im Grunde grenzenlose Feld der »Wissenschaft des Lebens« etwas zu ordnen, wird Ayurveda seit Charaka in acht Hauptfächern gelehrt und praktiziert. Diese Fächer haben heute allerdings unter-schiedliches Gewicht. Manche werden kaum noch beachtet.

Innere Medizin = Kayachikitsa

Das ist die allgemeine Ayurveda-Medizin. Sie steht heute an erster Stelle und entspricht in etwa der Inneren Medizin im Westen. Kaya hat hier die Bedeutung von Feuer (Agni) und Chikitsa bedeutet Behandlung. Es geht um die Energie, die für die Verdauung und andere Umwandlungen im Körper nötig ist. Das betrifft die wich-tigsten und bekanntesten Behandlungen: Kräuter- und Ernäh-rungsmedizin, Reinigungen wie Panchakarma und die Massagen.

Chirurgie = Shalyaroga Chikitsa

Shalya bedeutet »ein anderer Körper« und Roga Krankheit. Hier ging es ursprünglich um Verletzungen, die einem von anderen zugefügt wurden. Der Gelehrte Sushruta war Experte für die Behandlung von verwundeten Kriegern. Da mussten zum Beispiel Pfeilspitzen herausgeschnitten, Blutungen gestillt, Schmerzen gelindert werden.

Dieses Fach hat heute vor allem noch bei Knochenbrüchen und in der Orthopädie Bedeutung. Bei ayurvedischer Behandlung heilen Knochenbrüche tatsächlich oft schneller und sanfter als in der westlichen Medizin. Das liegt unter anderem an der Heilwirkung ausgewählter Pflanzen, die äußerlich in Wickeln oder als Salbe aufgetragen oder in Tees oder Pillen verabreicht werden. Etliche traditionelle Methoden ayurvedischer Chirurgie wie etwa das Abschnüren von Geschwüren werden heute jedoch, wenn überhaupt, nur noch in entlegenen ländlichen Gebieten angewendet.

Grundsätzlich möchte Ayurveda operative Eingriffe möglichst überflüssig machen. Mir scheint, in der westlichen Medizin wird viel zu schnell und zu leichtfertig operiert. In den USA wird, soweit ich weiß, bei einem Drittel der Bevölkerung »vorsorglich« der Blinddarm entfernt, damit er sich gar nicht erst entzünden kann. Manche Manager lassen sich, ebenso »vorsorglich«, schon mal einen Bypass legen – für den Fall eines Herzinfarkts. Von den unzähligen Schönheitsoperationen möchte ich gar nicht erst sprechen. Das alles sind schwer wiegende chirurgische Eingriffe, die das harmonische Gleichgewicht des Gesamtorganismus stören.

HNO = Urdhvanga Roga Chikitsa oder Shalakya Tantra

Urdhvanga schließt alles ein, was sich vom Nacken aufwärts befindet: Hals-Nasen-Ohren- und alle anderen Krankheiten, die den

Kopf betreffen – im direkten und im übertragenen Sinne. Das ist ein heute sehr wichtiger Bereich, gerade auch was die psychosomatischen und die seelischen Beschwerden angeht. Migräne und Tinnitus sind zwei der heute weit verbreiteten Probleme, bei denen Ayurveda wirksam Hilfe bieten kann.

Pädiatrie = Bala Roga Chikitsa

Bala ist das Kind. Kinder müssen anders behandelt werden als Erwachsene. Sie erhalten zum Beispiel geringere Dosen an Medikamenten. Außerdem wird hier die Beziehung zwischen Mutter und Kind thematisiert, in jüngster Zeit auch Hyperaktivität.

Toxikologie = Danshtra Roga Chikitsa oder Agada Tantra

Danshtra bedeutet eigentlich Zahn. Doch mit dem Zahnarzt hatte das ursprünglich nichts zu tun. Zunächst ging und geht es in Sri Lanka und anderen tropischen Ländern auch heute noch um die Giftzähne von Schlangen. Weltweit sterben jährlich Hunderte von Menschen an Schlangenbissen. Doch wir können dieses Fach ausweiten, nicht zuletzt über das Stichwort Zahn bzw. Amalgam. Denn wir vergiften uns zunehmend durch die Umwelt: Nahrungsmittel, Wasser und Luft enthalten schädliche Stoffe, die das Gleichgewicht des Körper-Geist-Seele-Organismus stören. Allergien, Schwächen des Immunsystems, Konzentrations- und Schlafstörungen und viele andere Beschwerden sind die Folgen.

Anti-Aging = *Jara Chikitsa (Rasayana Tantra)*

Jara bedeutet Alter oder Altern. Können wir es irgendwie verhindern oder verlangsamen? Wie können wir das Leben in diesem Körper so lange wie möglich genießen? Die Seele altert nicht, doch ihre Wünsche werden im Alter immer weniger erfüllt. Es klappt nicht mehr mit dem Sex, im Beruf schneiden jüngere Kollegen besser ab; die Energie lässt nach. Selbst Menschen ab 40 fühlen sich oft schon von den Erscheinungen des Alters bedroht. Daher ist dies auch ein zentrales Thema dieses Buches.

Sexualität = *Vajeekarana*

Vajee bedeutet Pferd, Karana Fürsorge. Das Pferd steht für Lebenskraft und sexuelle Potenz. Fruchtbarkeit war und ist ein überlebenswichtiges Thema. Das Hauptproblem gerade im Westen ist aber nicht die Erhaltung der Art. Sechs Milliarden Menschen sind wohl mehr als genug. Es ist die sexuell gestörte Beziehung zwischen Mann und Frau (siehe dazu Kapitel 11).

Psychiatrie = *Graharoga Chikitsa*

Graha sind Dämonen. Geistesgestörtheit wurde zu Beginn des Ayurveda und wird auch heute noch in einigen (schamanischen) Stammeskulturen auf den Einfluss von bösen Geistern und Dämonen zurückgeführt. Da sind Geisterbeschwörer gefragt, auch heute noch, in Sri Lanka – und Astrologen. Denn die damals (wie heute) meist schwer erklärlichen psychischen Störungen könnten ja kosmischen Einflüssen unterliegen. Ein nahe liegendes Beispiel: Der Vollmond lässt manche ausrasten, schlafwandeln, wie besessen agieren. Wir sprechen hier von Mondsüchtigkeit (lunatische Be-

schwerden). In der Ethnomedizin werden bereits Wege der Koope-
ration zwischen schamanischen Geistheilern und westlichen Medizinern (Neurologen, Psychiatern etc.) erprobt. Diese Kategorie
wurde und wird auf den Ayurveda-Universitäten leider noch ver-
nachlässigt. Doch dieser Bereich ist natürlich wichtig für dieses
Buch (schon allein, um eine echte Erkrankung der Seele abzugrenzen von »ganz normalen« Stimmungstiefs usw.).

Die drei Energien

Wer sich für eine ayurvedische Behandlung entscheidet, hat meist
schon von den drei Grundtypen Kapha, Pitta und Vata gehört.
Diese Dreiteilung ist tatsächlich ein wichtiges Kennzeichen des
Ayurveda. Es gibt andere traditionelle Heilsysteme, zum Beispiel
das der griechischen Ärzte Hippokrates und Galen, in denen von
vier Grundkräften oder Temperamenten ausgegangen wird. Wo
aber eine Dreiteilung der »Lebenssäfte« besteht, wie in der tibetischen Medizin, da ist Ayurveda die Quelle.

Die drei Doshas entsprechen nicht der westlichen Einteilung
von Körper, Seele und Geist, obwohl es fast so scheinen mag. Kapha
ist den Elementen Erde und Wasser zugeordnet. Ein Kapha-Typ ist
sinnlich, erdgebunden, körperorientiert. Pitta ist vom Element
Feuer bestimmt. Der Pitta-Typ ist impulsiv, spontan, lässt sich von
Gefühlen mitreißen. Und verbinden wir Gefühle nicht meist mit
der Seele? Vata hat mit Luft und Raum zu tun. Vata-Typen sind besonders kommunikativ, erfassen Situationen schnell, denken viel.
Diese Qualitäten würden wir wohl am ehesten dem Geist bzw. dem
Verstand zuordnen.

Wir können ruhig frei assoziieren. Auf diese Weise erspüren wir
Schritt für Schritt die Zusammenhänge. Wir werden schon bald
merken, dass die Begriffe Körper, Geist und Seele gar nicht so klar
sind, wie es zunächst scheint. Sie müssen mit eigenen Erfahrungen

gefüllt werden. Was bedeuten Körper, Geist und Seele für mich, ganz unmittelbar?

Dasselbe gilt für die drei Doshas. Wer seinen Typ herausfinden möchte – und jeder möchte das in einer ersten Ayurveda-Beratung –, der ist schon mal neugierig. Und das ist gut so. Er fragt sich: Wer bin ich? Wenn ich Ihnen nun sagte: Sie sind zu 50 Prozent Kapha, zu 30 Prozent Pitta und zu 20 Prozent Vata, wäre das etwa die Antwort? Klärt sich damit Ihre Frage nach dem Sinn des Lebens, nach dem Sinn Ihrer Existenz? Sicher nicht. Zum Glück. Zu Ihrem Glück! Denn die Doshas, all die Fragen und Persönlichkeitschecks zur Typbestimmung, sind eher wie Köder. Nur sollen Sie nicht wie der Fisch an Land gezogen werden. Dies ist ein ganz spezieller Köder. Er lockt Sie ins Meer. In die Unendlichkeit des Lebens. Sie beginnen, sich selbst und damit das Leben zu erforschen.

Und dabei ergibt jeder Schritt bei der Erforschung der drei Doshas ganz praktische Ergebnisse. Wir erhalten unsere Gesundheit oder regen die Selbstheilungskräfte an, werden klarer und effektiver bei unseren alltäglichen Aufgaben, offener und liebevoller in unseren Beziehungen zu anderen und zu uns selbst.

In der Ayurveda-Medizin sind die Doshas eingebunden in das Ganze. Sie könnten nicht existieren ohne die Urquelle von allem – was in den Veden Brahman genannt wird –, ohne Bewusstsein (Atman), ohne die Polarität, ohne die fünf Elemente. Sie wären aber auch bedeutungslos ohne ihre unzähligen Wirkungen in all den Milliarden von Lebewesen. Die Philosophie des Ayurveda fordert dazu heraus, starre Schablonen zu verlassen. Aber da sie praktisch angewendet wird – in sanften Massagen, entspannenden Kuren –, handelt es sich eher um ein kaum merkliches Sich-Herausziehen aus alten Denkmustern.

Etliche Leser kennen die folgenden Beschreibungen bereits aus Artikeln oder Büchern. Doch Wissen ist eben nicht einfach nur wie das Element Luft, sondern zum Beispiel auch wie Wasser. Es sucht eine Rinne, den Bachlauf, das Flussbett, um zum Meer zu fließen.

Je öfter wir etwas hören und wahrnehmen, desto stärker wird der Strom des Wissens, bis er schließlich auch unsere Gewohnheiten und unser ganzes Verhalten verändert.

Also möchte ich Sie bitten, nicht einfach alles, was Sie in ähnlicher Form schon gelesen haben und zu kennen glauben, einfach zu überblättern. Sogar bereits bekannte Übersichten und Grafiken können bei jedem neuen Ansehen überraschende Einsichten bescheren.

Die fünf Elemente

Die fünf Elemente Äther, Luft, Feuer, Wasser und Erde beherrschen und bestimmen alles im Universum. So sind auch wir Menschen in unseren körperlichen Funktionen, Verhaltensweisen und Einstellungen durch die Elemente beeinflusst. Das betrifft vor allem unsere fünf Sinne, mit denen wir die Welt und uns selbst wahrnehmen.

Äther oder Raum

Das feinste Element findet seine körperliche Entsprechung in den Hohlräumen von Nase, Mund, Darm usw. Das diesem Element zugeordnete Sinnesorgan ist das Gehör. Wir hören bereits als Embryo im Mutterleib. Und im Sterben ist der Hörsinn noch aktiv, wenn alle anderen Sinne bereits versagt haben. Das ist der Schlüssel zum Tibetischen Totenbuch. Bis zuletzt kann der Sterbende noch durch die Worte des Lamas auf seiner Reise ins Jenseits angeleitet werden. Hören und sein Medium, das Element Äther bzw. Raum, stehen deshalb gerade in der seelischen Ayurveda-Behandlung an erster Stelle. Dem eher passiven Organ des Hörens steht im Äther-Raum-Element das aktive Sprechen oder Singen gegenüber. Das entsprechende Organ sind die Stimmbänder.

27

Luft

Das Element Luft manifestiert sich in unserem Körper in der Atmung, den Lungen. Aber darüber hinaus steht es für alles, was mit Bewegung zu tun hat. Das reicht bis in die kleinsten Zellen. In etlichen wissenschaftlichen Dokumentarfilmen können wir heute sehen, wie lebhaft sich die Zellen bewegen, wie sie zucken und kreisen, sich weiten und zusammenziehen. Das Element Luft lässt laut Ayurveda auch das Herz schlagen. Es sorgt für jede Art von Bewegung. Was bedeutet Bewegung für den Austausch mit der Umwelt? Womit agieren wir? Ja, mit den Händen. Wir bauen, basteln, gestikulieren, beschwören, kämpfen und streicheln mit ihnen. Sie sind das ausführende Organ des Luftelements. Die Aktion selbst (Karmendriya) fällt unter die Kategorie »Geben und Nehmen«. Das dem Element Luft entsprechende Sinnesorgan ist die Haut. Hier begegnen sich ganz konkret Innen und Außen. Und viele seelische Probleme können daher durch Berührung und die verschiedenen Massagen geheilt werden.

Feuer

So wie die Sonne unsere Erde erwärmt und alles am Leben erhält, so sorgt in unserem Körper ein inneres Feuer (Agni) dafür, dass die Verdauung, der Informationsaustausch der Nervenzellen im Gehirn und vieles andere funktioniert. Das heißt hier vor allem, dass von einem Zustand in einen anderen verwandelt wird. Deshalb ist das Feuer so wichtig für alle Alchimisten. Durch Hitze – oder auch geistige Kraft, Konzentration, Bewusstheit – wird etwas Niederes in etwas Höheres verwandelt: Nahrung in Lebenskraft, Blei in Gold, negative Emotionen wie Gier und Hass in Mitgefühl und Liebe. Das Element Feuer aktiviert im traditionellen Ayurveda auch die Netzhaut (Retina) der Augen und ermöglicht so das Sehen. Das

dem Feuerelement traditionell zugeordnete Organ ist der Gesichts-
sinn, also die visuelle Wahrnehmung, das ausführende, handelnde
Organ sind die Beine. Ganz praktisch gedacht: Die Bewegung in
der Welt erfordert Übersicht, Orientierungssinn und körperliche
Beweglichkeit. Nach diesen Prinzipien konstruieren heute westliche Wissenschaftler die neuesten Roboter. Das sinnliche Objekt,
die Tanmatras (»Gegenstände«), das sind die Formen, feste Dinge
und Personen, die uns in der Welt begegnen.

Wasser

Das Element Wasser manifestiert sich im Körper durch alles Flüs-
sige: Blut, Lymphe, Verdauungssäfte, Zellflüssigkeit (Plasma). Man
hat nachgewiesen, dass der Körper zu über 70 Prozent aus Wasser
besteht. In den ersten neun Monaten unseres (embryonalen) Lebens schweben wir im Fruchtwasser, das in seinem Salzgehalt und
anderen Eigenschaften an das Meer erinnert. Als Sinn ist dem
Element Wasser das Schmecken, als Sinnesorgan die Zunge zugeordnet. Die wichtigste Handlung ist hier die Fortpflanzung, die
entsprechenden Organe sind natürlich die der Fortpflanzung.
Wahrnehmungsobjekt ist das Geschmeckte, die sechs Qualitäten
salzig, süß, sauer, bitter, scharf und herb. Diese Qualitäten sind
nicht nur dem Koch wichtig. Sie zu schmecken, zu unterscheiden
und in einen übergeordneten Zusammenhang zu bringen ist wichtige Aufgabe eines jeden Ayurveda-Arztes.

Ob wir als Menschen tatsächlich immer noch wie die Tiere unsere Partner nach dem Geschmack auswählen? Lecken wir unsere
zukünftigen Partner ab, um sie zu prüfen? Wohl kaum. Doch ist es
nicht eigenartig, dass sich der Begriff Geschmack in fast allen Bereichen der Kultur durchgesetzt hat? Man (und frau) beweist Geschmack oder nicht – für Kunst, Musik, Kleider und … eben bei
der Partnerwahl. Etliche Forschungsergebnisse von Entwicklungs-

biologen sprechen dafür, dass die Partnerwahl ganz ursprünglichen Instinkten folgt.

Erde

Diesem Element verdanken wir alles Stabile und Feste in unserem Körper. Das Knochengerüst, die Muskeln und Sehnen. Der Erde wird der Geruchssinn zugeordnet. Als ausführendes Organ gilt der Anus, die Ausscheidung. Nase und Darmausgang sind laut traditionellem Ayurveda auf besondere Weise verbunden. Menschen mit Darmproblemen und schlechter Verdauung haben oft starken Mundgeruch und können selbst weniger riechen. Umgekehrt stellt der klassische Ayurveda-Arzt seine Diagnose nicht zuletzt aufgrund des Stuhlgeruchs. Das Element Erde wird damit keinesfalls abgewertet. Wir sollten im Gegenteil unsere Vorurteile gegenüber den Exkrementen hinterfragen. Sie gehören genauso zum Leben wie ein überragender Geist. Dieser Geist kann ja durchaus aufgrund von Verdauungsstörungen (Darmkrebs) erlöschen!

Die zwanzig Eigenschaften

Was immer existiert und was immer wir erfahren, hat bestimmte Eigenschaften. Und zu jeder Eigenschaft gibt es ein Gegenteil. So ist die Welt unserer Erfahrungen strukturiert und hält sich im Gleichgewicht. Seit Charaka werden im Ayurveda 20 Eigenschaften oder Grundqualitäten in 10 Gegensatzpaaren unterschieden. Wir können sie überall entdecken und erleben, ganz unabhängig von irgendeinem Fachwissen.

Ich möchte sie im Folgenden kurz in Bezug auf die Doshas beschreiben, worauf sie sich im Ayurveda auch hauptsächlich beziehen. Zugleich möchte ich dazu anregen, dass Sie sich diese Eigenschaften vergegenwärtigen, darüber meditieren und passende Beispiele aus Ihrem Leben finden. So entwickeln Sie selbst ein Gespür für die Grundlagen des Ayurveda. Üben Sie sich darin, die Eigenschaften zu sehen, zu hören, zu riechen, zu fühlen und zu schmecken, zu erkennen und zu unterscheiden. Sie werden kaum ohne eine Bewertung auskommen. Bewerten Sie ruhig! Aber beobachten Sie diese Bewertung. Letztlich ist keine Eigenschaft schlechter oder besser als eine andere.

1. Schwer (Guru)

Diese Eigenschaft verstärkt Kapha und verringert Vata und Pitta. Sie lässt den Körper wachsen. Schweres Essen macht dick und schwer. Schwere erdet aber auch, macht stabil und sicher. Wir sprechen im Zusammenhang mit Guru von einem schweren Schlaf und schweren Träumen. Schwere Probleme können uns niederdrücken. »Du nimmst das viel zu schwer!«, versucht uns ein Freund aufzumuntern. Was fällt Ihnen im Leben schwer? Fällt Ihnen etwas Positives zur Qualität Schwere ein? In Japan zum Beispiel sind ausgerechnet die dicksten Männer, die Sumoringer, die größten Stars. Für spirituell Orientierte: Was mag ein Guru, also ein Meister oder Lehrer, mit Schwere zu tun haben? Ist er vielleicht wie ein schwerer Regen, der in der Monsunzeit die Erde befruchtet?

2. Leicht (Laghu)

Leichtigkeit erhöht Vata und Pitta und vermindert Kapha. Wir werden durch diese Qualität wach und aufmerksam, körperlich wie geistig. Zu viel davon lässt uns aber nervös und ängstlich werden. Manche Menschen scheinen zu leichtfertig, nehmen Probleme auf die »leichte Schulter«. Jemand hat einen leichten Schlaf, wacht

31

schnell auf. Würden Sie gern spielerisch leicht durchs Leben gehen oder leicht wie ein Vogel über allem schweben? Oder kommt Ihnen das eher leichtsinnig vor? Betrachten Sie die Dinge und Personen in Ihrer Umgebung, und ordnen Sie ihnen die Qualität schwer oder leicht zu! Beobachten Sie auch sich selbst und Ihr eigenes Verhalten. Was fällt Ihnen leicht, was nicht?

3. Langsam/stumpf (Manda)

Verstärkt Kapha und verringert Vata und Pitta. Hier liegt die Betonung auf Zeit, nicht auf Form und Raum, wie bei der Schwere. Trägheit. Wer möchte schon träge wie ein Wasserbüffel sein? Doch er tut seine Arbeit zuverlässig und ausdauernd. Auch der Langsame kommt zum Ziel, manchmal schneller als der gewitzte Hektiker und Energiebolzen, der sich verrennen kann. Einige Psychologen empfehlen Hektikern und Gestressten »die Kunst der Langsamkeit«. Werden Sie ungeduldig, wenn jemand Ihrer Meinung nach zu langsam ist – Sie selbst eingeschlossen? Was gefällt Ihnen an der Langsamkeit, was nicht? Was halten Sie von Schildkröten oder Faultieren?

4. Schnell, scharf (Tikshna)

Verstärkt Vata und Pitta und verringert Kapha. Schnell wie der Blitz und scharf (engl. hot = heiß) wie Chili oder Pfeffer. Auch beim Geschmack ist Schnelligkeit im Spiel. Nichts ahnend hat man die Schote im Mund, und schon möchte man sie ausspeien. Doch zu spät: Der Mund brennt wie Feuer!

Die Eigenschaft Tikshna unterstützt die Lern- und Konzentrationsfähigkeit, kann im Übermaß aber auch zu Stress und Geschwüren führen. Spontanes Handeln, schnelle Auffassungsgabe, scharfer Verstand – aber auch: voreilige Entscheidungen, Rücksichtslosigkeit, Rastlosigkeit sind menschliche Merkmale dieser Qualität. Was fällt Ihnen darüber hinaus dazu ein?

5. Kalt (Shita)

Verstärkt Vata und Kapha und vermindert Pitta. Kälte zieht zusammen, macht empfindungs- und gefühllos, verlangsamt, verursacht Unbehagen und Angst. Sie sorgt für Erkältungen, aber auch dafür, dass Hitzköpfe sich abkühlen. In unterschiedlichen Klimazonen der Erde hat sie unterschiedliche Bedeutungen und Funktionen. Charaka und seine Zeitgenossen kannten die schneebedeckten Gipfel des Himalajas, lebten selbst aber in einem subtropischen oder gar tropischen Klima. Kälte war ihnen nicht geheuer, und so sind die klassischen Beschreibungen dieser Qualität nicht ganz neutral. Sie tendieren zum Negativen. Doch klar ist in jedem Fall: Zu viel Kälte und zu viel Hitze sind eine Belastung für uns. Fällt Ihnen zur Qualität Kälte noch etwas Positives ein? Vielleicht kühle Drinks oder Eiscreme nach einem Dauerlauf oder einer erhitzten Debatte? Oder der Ausdruck »einen kühlen Kopf bewahren«? Welche Menschen empfinden Sie als extrem kühl? Bei welcher Handlung in letzter Zeit fanden Sie, dass Sie zu kalt reagiert haben? Oder in welcher Situation hat gerade kühle Distanz zur richtigen Entscheidung geführt?

6. Heiß (Ushna)

Diese Qualität erhöht Pitta und vermindert Vata und Kapha. Sie unterstützt das Feuer der Verdauung und alle transformatorischen Prozesse. Wärme ist Leben. Die Hitze der Sonne erhält das Leben auf der Erde. Demgegenüber steht der kalte Weltraum mit seinen

270 Minusgraden. Ohne ihn könnten die Sonnen nicht existieren. Doch von Anfang an haben wir Menschen das Leben mit Wärme assoziiert und den Tod mit Kälte. Bei Hitze schmilzt das Eis und durch menschliche Wärme, Leidenschaft, Liebe und Mitgefühl ein kaltes, erstarrtes Herz. Allerdings: Von Mikroben und Viren beginnt es ab einer bestimmten Temperatur nur so zu wimmeln, ebenso verhält es sich mit Insektenlarven. Das finden wir weniger schön. Und: Zu viel Hitze macht uns müde, fiebrig oder gereizt.

7. Ölig (Snigdha)

Diese Qualität verstärkt Pitta und Kapha und vermindert Vata. Sie wirkt entspannend, schmiert die Gelenke, macht die Haut geschmeidig, im übertragenen Sinne auch den Geist und die Umgangsformen. Das kann uns imponieren oder auch »schmierig« vorkommen. Charaka verband Liebe mit der Qualität von Öl: weich, saftig, flüssig und nahrhaft. Und zweifellos spielt Öl bei ayurvedischen Behandlungen eine herausragende Rolle – nicht nur bei allen Massagen, auch bei inneren Anwendungen. Doch wie empfinden Sie die Qualität ölig? Assoziieren Sie ein Wohlgefühl damit oder eher Ekel? Denken Sie spontan an sonnengebräunte Körper am Strand oder an Sardinen in der Öltunke? An Ölscheichs und Reichtum oder an dieselverseuchte Wasserpfützen in Ländern der Dritten Welt? Denken Sie an Liebe oder an Heiratsschwindler?

8. Trocken (Ruksha)

Ruksha stärkt Vata und Pitta und schwächt Kapha. Der Mund wie ausgetrocknet, trockener, schmerzhafter Husten, spröde Haut, Verkrampfungen, Verstopfung, all das sind ziemlich unangenehme Symptome der Trockenheit. Doch trockene Glieder und trockene

Kleider – wer mag das nicht? Sich nach einer Wanderung durch den Schnee am gemütlichen Kaminfeuer wärmen: herrlich! Und trockener Humor hilft in manch brenzligen Situationen besser als eine Tränenflut. Charaka verband mit Trockenheit jedoch eher die Trockenzeit vor dem ersehnten Regen und die Sorge um die Ernte. Was assoziieren Sie mit dieser Qualität? Wo, wie und wann nehmen Sie Trockenheit wahr? Beim Wetter, an den Worten und im Verhalten Ihrer Mitmenschen, an der Wäsche, an Ihrer Haut? Was empfinden Sie als positiv, was als negativ? Sie sollen ja ruhig bewerten, nur zugleich auch wahrnehmen, wie Sie bewerten!

9. Sanft/schleimig (Shlaksana)

Erhöht Pitta und Kapha und reduziert Vata. Bei den Nahrungsmitteln sind das zum Beispiel Öle und Käse (Pitta), Avocado und Ghee (Kapha). Diese Qualität erhält den Körper geschmeidig, verhindert Osteoporose und Arthritis. Doch allein die Kombination von sanft und schleimig lässt uns heute auf psychologischer Ebene vorsichtig sein. Der sanft-schleimige Typ will etwas, ohne es deutlich zu zeigen. Aber für die ayurvedische Erkenntnis sollten wir die Verbindung von sanft und schleimig auf der psychologischen Ebene trennen. Nicht jeder mit einer sanften Stimme will uns einwickeln. Die Schleimigkeit können wir von der Sanftheit unterscheiden. Außerdem können wir uns auch noch an anderen Merkmalen orientieren. Was fällt Ihnen noch dazu ein?

10. Rau, roh (Khara)

Erhöht Vata und vermindert Pitta und Kapha. Hier wird wieder einmal deutlich, dass diese Gegensatzpaare nicht wie das Plus und Minus in der Mathematik funktionieren. Es sind Begriffe aus dem praktischen Leben, mit all den vielen möglichen Assoziationen. Bei dem Begriffspaar sanft/schleimig – rau/roh müssen wir eine ganz einfache Sache bedenken: nämlich den Unterschied zwischen gekochtem Essen und Rohkost. Gekochtes ist sanft, ungekochtes rau/roh. Das ist für die Ernährung im Ayurveda natürlich ein ganz wichtiger Unterschied. Psychologisch könnten wir dazu einen kultivierten, geschliffenen Typen einem ungehobelten gegenüberstellen, der einfach drauflos poltert. Was ist Ihnen lieber: kultiviert und abgekocht oder roh, »naturbelassen«? Wo würden Sie sich selbst einordnen?

11. Fest, dicht (Sandra)

Erhöht Kapha und vermindert Vata und Pitta. Fleisch und Käse haben diese Qualität. Sie erdet und macht den Körper kompakt, festigt und stärkt das Gewebe und die Muskeln.

12. Flüssig (Drava)

Verstärkt Pitta und Kapha und reduziert Vata. Konzentrierte Substanzen werden durch Drava verdünnt oder aufgelöst. Diese Qualität fördert unter anderem den Speichelfluss und das Mitgefühl.

13. Weich (Mrudu)

Verstärkt Pitta und Kapha und vermindert Vata. Entspannung, Zärtlichkeit und Fürsorge können sich durch diese Qualität entwickeln. Ärger (heiß, scharf und durchdringend) und Angst (rau, trocken) werden ausgeglichen. Zu viel davon kann den Kapha-Typ aber auch verweichlichen und allzu bequem machen.

14. Hart (Kathina)

Erhöht Vata und verringert Pitta. Verhärtungen der Haut und der Lungen sind körperliche Merkmale, Selbstsucht und Sturheit geistige. In der heutigen Geschäftswelt wird oft hartes, rücksichtsloses Durchgreifen als Stärke gewertet.

15. Statisch, ruhig (Sthira)

Erhöht Kapha und verringert Vata und Pitta. Stilles Sitzen in Meditation führt zu innerer Stabilität und Heilung.

16. Beweglich, sich schnell ausbreitend (Chala)

Fördert Vata und Pitta, reduziert Kapha. Jogging, Tanzen, Workouts oder auch Reisen sind Aspekte dieser Qualität, die vor allem dem Kapha-Typ gut tun. Der Fluss der Gedanken und Emotionen verdankt sich ebenfalls Chala, doch zu viel davon führt zu Rastlosigkeit, Unsicherheit oder nervösem Zittern (Vata). Der Pitta-Typ möchte, dass sich sein Name oder seine Erfolge schnell verbreiten, aber noch schneller könnten sich bei ihm Entzündungen zum Beispiel auf der Haut ausbreiten.

17. Fein (Sukshma)

Stärkt Vata und Pitta, schwächt Kapha. Etliche Kräuter und Drogen werden als fein eingestuft. Dazu gehören Marihuana, Alkohol und Aspirin. Bei zu viel Vata zeigt sich diese Qualität auch als untergründige Angst und Unsicherheit, Gänsehaut und nervöses Zucken.

18. Grob (Sthula)

Stärkt Kapha und vermindert Vata und Pitta. Diese Eigenschaft unterstützt die Abwehrkräfte, fördert aber auch Blockaden, Verstopfung und Übergewicht. Fleisch und Käse können einen übersensiblen Vata-Typ wieder in seinen grobstofflichen Körper zurückholen.

19. Klar (Vishada)

Vermehrt Vata und Pitta, verringert Kapha. Diese Qualität hat zum Beispiel mit der Reinigung von Körper und Geist zu tun. Reine Haut, leuchtende Augen und ein klarer Geist sind sicher erstrebenswert. Doch man kann es beim Reinigen auch übertreiben. Zu starke körperliche Reinigungskuren können Erbrechen und Durchfall auslösen, zu viel Meditation, Askese und Fasten zu geistiger Verwirrung führen. Klarheit sorgt für Unterscheidung und Trennung, körperlich und geistig. Sie kann Streit schlichten, aber auch provozieren und den Kritiker mit dem allzu klaren Durchblick in die Isolation treiben.

20. Klebrig, wolkig (Picchila oder Avila)

Verstärkt Kapha und vermindert Vata und Pitta. Diese Qualität sorgt einerseits für Zusammenhalt (im Gewebe wie unter Menschen), aber auch für Verstopfung, Übergewicht, Geiz und Gier (Anhaftung). Vor allem der Kapha-Typ möchte morgens seinen schläfrigen (vernebelten) Verstand mit starkem Kaffee klären.

Hier sehen Sie noch einmal die 20 Qualitäten in Gegensatzpaaren im Überblick. Sie können immer wieder darauf zurückkommen, auch und gerade bei der Suche nach Hilfe zur Selbsthilfe.

Die 20 Qualitäten

schwer – leicht
langsam – schnell
kalt – heiß
ölig – trocken
sanft – rau
fest – flüssig
weich – hart
statisch – beweglich
fein – grob
klar – wolkig

Das Gleichgewicht finden

Erhöhen und verstärken, vermindern und reduzieren – davon war soeben viel die Rede. Und dafür gibt es einen wichtigen Grund. Denn bei den Gegensätzen geht es ja letztlich um einen harmonischen Ausgleich. Ist auf der einen Seite zu viel, muss da etwas abgezogen werden, und zwar durch Verstärkung der Gegenseite. Dabei wirken aber die 20 Attribute nicht nur streng in Paaren 1:1 aufeinander. Vielmehr sind sie miteinander verwoben.

Den Tridoshas werden jeweils folgende Attribute zugeordnet:
Vata: trocken, leicht, kalt, schnell, rau, fein, beweglich, klar
Pitta: heiß, scharf, leicht, flüssig, schnell, beweglich, ölig
Kapha: schwer, langsam, kalt, ölig, flüssig, sanft, statisch, klebrig, hart, grob

Dieses Raster liegt zugrunde, wenn es um die Bestimmung des Konstitutionstyps geht und darum, die aktuellen Unausgewogenheiten festzustellen (siehe Checkliste im Anhang: Welcher Typ bin ich?). Bei jedem Menschen (auch bei jedem Tier und jeder Pflanze) sind die Eigenschaften (Gunas) individuell unterschiedlich stark

39

vertreten. Die Diagnose des Ayurveda-Arztes und seine Therapie des Ausgleichens fallen deshalb ebenfalls bei jedem anders aus.

Der Arzt stellt bei seiner Untersuchung die seit der Geburt festgelegte Grundkonstitution fest und beurteilt dann daraufhin, welches Dosha zu stark oder zu schwach ist. Typisch dafür sind Bezeichnungen wie V1, P3, K2 oder V3, P1, K1. Die Buchstaben stehen für die Doshas, die Zahl dahinter für die Stärke (1 = schwach, 2 = mittel, 3 = stark). Welche Attribute könnten zum Ausgleich beitragen? Das ist die nächste Frage. Daraufhin wird zu den entsprechenden Nahrungsmitteln, Massagen, Reinigungskuren und weiteren Maßnahmen wie Änderungen bestimmter Gewohnheiten geraten. Beispiel: Ein Mensch, bei dem seit der Geburt Vata überwiegt und der daher ohnehin schon feinnervig sowie körperlich und geistig sehr beweglich ist, hat zudem aktuell erhöhtes Vata: Stress, Bluthochdruck. Er braucht keinesfalls mehr Beweglichkeit. Er braucht Ruhe, Boden unter den Füßen, kräftige Nahrung usw.

Das Prinzip ist einfach. Charaka schreibt: »Vata, pitta und kapha werden besänftigt durch Drogen mit Eigenschaften, die vayu (vata), pitta bzw. kapha konträr sind. Heilbare Krankheiten werden beseitigt durch Drogen, die gegensätzliche Eigenschaften besitzen, unter Berücksichtigung von Zeit, Ort und Dosis.« (2)

Der »Patient« wird nach seinen Gunas diagnostiziert, und das zunehmend differenziert auf alle Lebensfunktionen. Parallel dazu werden die Heilmittel bestimmt, ebenfalls nach den Gunas. Was wirkt positiv stärkend, was positiv abschwächend? Alle Pflanzen, Nahrungsmittel, Fähigkeiten, Verhaltensweisen und Gewohnheiten besitzen ja die entsprechenden Attribute. Es gibt nichts in dieser Welt, das nicht mit der einen oder anderen Eigenschaft beschrieben und klassifiziert werden kann. Ein Sturm kann – im Unterschied zu anderen – besonders »schwer« und »hart« sein im Sinne von: Er bringt viel Regen, Hagel oder gar Gifte mit sich und erfordert daher ganz besondere Gegenmaßnahmen.

In vielen Fällen schätzen wir Menschen oder Situationen in ihren Eigenschaften mit unserem gesunden Menschenverstand ganz richtig ein und erkennen auch, wenn da etwas aus dem Gleichgewicht geraten ist. Wir merken, wenn ein Freund oder Bekannter seltsam wirr oder viel schneller redet als sonst, und versuchen ihn zu beruhigen. »Nun setz dich erst mal!« Doch um ein sicheres Urteil zu fällen und gar die richtige Medizin, das ausgleichende Mittel zu finden, dazu bedarf es der Erfahrung und des Fachwissens – in Medizin und Psychologie ebenso wie in Biologie, Wetterkunde oder Ökonomie.

Die Beratung

Unmittelbare Begegnung (Darshan)

Wenn jemand zum Beratungsgespräch kommt, achte ich auf die ersten Eindrücke so aufmerksam wie möglich. Hat die Person vorher angeklopft? Wenn ja, zaghaft oder bestimmt? Wie betritt sie den Raum? Schon da ergibt sich ein erster Zusammenhang. Manche kommen ohne Anklopfen herein und gehen mit ausgestreckter Hand auf mich zu. Andere betreten den Raum vorsichtig, schauen sich kurz um und lächeln dann verlegen. Mit jedem Moment wird mein Eindruck vielschichtiger. Nach einem ersten forsch-fröhlichen »Hallo« kann schon bald eine Nervosität deutlich werden, die auf innere Verkrampfung hindeutet, sich dann aber später beim Händehalten in eine weiche Verletzlichkeit mit stillen Tränen verwandelt.

Wir nennen die erste unmittelbare Begegnung mit dem Patienten Darshan (im Angesicht sein). Mit diesem Sanskritwort wird auch die Qualität des Gesichtssinns bestimmt, der wiederum vom Element Feuer abhängt. Wir erfassen einen Menschen oder eine Situation am klarsten und besten, wenn sich unser Verstand nicht oder kaum mit all seinen Schablonen und übernommenen Meinungen einschalten kann. Dieses spontane, unvoreingenommene Sehen geschieht meist in den ersten Sekunden einer Begegnung.

Das erste Gespräch

Wir begrüßen uns mit einem kurzen Händeschütteln – es sei denn, ich bemerke eine besondere Scheu beim anderen. Ich warte ab, was geschieht, und versuche darauf möglichst angemessen zu reagieren. Nach dem ersten Hallo frage ich – keinesfalls eindringlich, eher höflich belanglos: »Wie geht es Ihnen?« Ich weiß natürlich, dass diese Frage auf deutsch eine ganz andere Bedeutung hat als das englische »How do you do?«, das ja kaum mehr als ein Hallo ist. Bei den meisten Deutschsprachigen löst die Frage tatsächlich eine kurze Überprüfung des eigenen Befindens aus. Und sie antworten oft erstaunlich ehrlich: »Naja, eigentlich nicht so doll!« oder: »Och, es könnte besser sein!«

»Haben Sie ein bestimmtes Problem, das Sie hier loswerden möchten?«

»Tja, richtig krank bin ich nicht. Aber ich fühle mich in letzter Zeit so schnell erschöpft und müde.«

»Was machen Sie beruflich?«

»Ich habe eine eigene Boutique.«

»Und wie läuft das Geschäft?«

»Eigentlich ganz gut.«

»Aber?«

»Ich bin abends so kaputt!«

Die Frau ist Mitte 40. Ihre vollen dunklen Haare fallen auf angespannte Schultern, die blass aus dem blauschwarzen, modisch tief ausgeschnittenen Kleid ragen. Etliche kommen zu mir auch im Trainingsanzug.

Ich bitte die Frau – ich schätze sie zunächst als Pitta-Kapha-Typ ein – mir ihre linke Hand zu geben und befühle die Finger. »Sehen Sie, der Zeigefinger ist fast starr. Die anderen Finger lassen sich leichter bewegen. Das hat mit Ihrem Stress zu tun.« Die Finger geben – wie auch alle anderen Gliedmaßen – Aufschluss über den Typ. Ist Vata stark ausgeprägt, sind die Hände zart und kühl, die Finger feingliedrig, die Nägel brüchig, die Haut trocken und spröde. Der Kapha-Typ hat eher dickliche, weiche Finger, glatte Haut und Nägel, die Gliedmaßen und Knochen sind schwer, die Muskeln fest.

Doch über diese Informationen hinaus ist der Haut- und Körperkontakt wichtig, um eine Vertrauensbeziehung zum Patienten aufzubauen. Würde ich mit dieser Frau in der Hotellobby oder im Restaurant sitzen und sie wüsste nicht, dass ich Ayurveda-Arzt bin – eine solche Berührung unserer Hände wäre so gut wie unmöglich. Hier, im Rahmen der ärztlichen Untersuchung, ist es okay. Da wird eine im Grunde intime Berührung zugelassen, die mir tiefe Einblicke in die Person gestattet, körperlich, geistig und seelisch. Außerdem geschieht ein seelischer Austausch auf einer Ebene, die dem Verstand nicht zugänglich ist.

Es ist wichtig, dass der Patient mich zumindest kurz ansieht, damit ich weitere Diagnosen stellen kann. Sind die Augen gerötet oder gelblich gefärbt, sind sie glänzend oder matt, klar oder getrübt? Schauen sie ruhig und gelassen oder nervös blinzelnd, unsicher und ängstlich? Schon ein kurzer direkter Augenkontakt gibt mir Einblick in aktuelle Unausgewogenheiten der Doshas, kann organische Störungen offenbaren und zeigt mir die Seele des Menschen.

Ich muss mir auch die Zunge ansehen. Die Zunge herauszustrecken mag manchen etwas peinlich sein, obwohl sie die Seele weniger offenbart als die Augen. Ist die Zunge dick belegt oder gerötet, glatt oder rau? Welche Farbe hat der Belag? Auch hier stelle ich zunächst die Eigenschaften fest, ordne sie den Doshas zu und beurteile dann, ob und wo es eine Unausgewogenheit gibt.

Pulsdiagnose

Sie kennen wahrscheinlich die Prozedur des Blutdruckmessens beim Arzt. Ein breites Band wird um den Oberarm gelegt und durch eine Druckpumpe aufgepumpt. Dabei schaut der Arzt oder die Schwester auf ein Gerät und lauscht zugleich über »Kopfhörer«, die Stöpsel in den Ohren. Sie sollten beim nächsten Arztbesuch darum bitten, das auch einmal hören zu dürfen. Es ist faszinierend und aufschlussreich. Sie sehen, wie der Zeiger auf dem kleinen runden Messgerät beim Pumpen auf eine Zahl von sagen wir 160 geht und dann allmählich sinkt. Bei 140 ertönt ein Pochen, das bald lauter wird. Das ist der Rhythmus, mit dem das Herz während der Anspannungsphase (Systole) das Blut herauspresst. Bei 90 verebben die Geräusche. Der untere Wert der Entspannungs- und Auffüllphase des Herzens (Diastole) ist erreicht. In diesem Fall hätten Sie einen Blutdruck von 140 zu 90, also etwas erhöht. Aber der Punkt, auf den ich Sie aufmerksam machen möchte, ist nicht das Ergebnis der Blutdruckmessung, sondern die Erfahrung des Lauschens. Wenn man genau zuhört, klingt jedes Geräusch anders. Und es kann auch jeweils etwas anderes bedeuten!

Genau das ist das Geheimnis der Pulsdiagnose. Ich lege Zeige-, Mittel- und Ringfinger an den Puls und spüre jede Regung, als würde ich in der Stille der Nacht auf jedes kleinste Geräusch achten. Den Blutdruck stelle ich auf diese Weise ebenso genau fest wie der Arzt mit seinem Messgerät. Das setze ich anschließend ein, und das Ergebnis bestätigt meine Bewertung, die ich dem Patienten vorher mitgeteilt habe. Das lässt manche mehr vertrauen: »Aha, was der da am Puls fühlt, wird durch westliche Medizin und Wissenschaft bestätigt.« Tatsächlich erspüre ich am Puls viel mehr als nur den Blutdruck.

Auf der oberflächlichen Ebene stelle ich die aktuellen Probleme fest, auf tieferen Ebenen die Grundanlagen und chronischen Probleme. Die Pulsdiagnose ist vor gut 1000 Jahren von China nach Indien und Sri Lanka gekommen und wurde dort seitdem nur unmittelbar vom Lehrer an seine Schüler vermittelt. Es gibt keine schriftlichen Aufzeichnungen. Die Sache selbst ist auch schwer zu beschreiben.

Die Pulsdiagnose gibt Aufschluss über jede Störung, sei sie organisch oder seelisch, und das bezogen auf Vergangenheit, Gegenwart und sogar Zukunft. Noch bevor sich irgendein Symptom gezeigt hat, kann ein Ayurveda-Arzt anhand der Pulsdiagnose Risiken deuten und somit Krankheiten vorhersagen, die sich womöglich erst nach Monaten manifestieren. Das macht Ayurveda auch für den Westen so wertvoll.

Gezielte Fragen

Auch wenn ich meistens schon bald einen recht umfassenden Eindruck von meinem Gegenüber gewonnen habe, stelle ich doch in der Regel noch etliche Fragen. Sie beziehen sich auf Vorlieben und Abneigungen, speziell was die Mahlzeiten betrifft, auf Gewohnheiten, auf die Geschichte und Hintergründe der Person. Die Fragen finden sich zum Teil auch in den üblichen ayurvedischen oder psychologischen Fragebögen zum Ankreuzen in Büchern und Zeitschriften. Doch ich frage ja nicht einfach automatisch ab. Hier findet ein echter Dialog statt.

»Was essen Sie zum Frühstück?«

»Nicht viel. Meist nur ein Brötchen mit Marmelade, dazu eine Tasse Kaffee.«

»Keine Zeit?«

»Genau. Ich muss um 9 Uhr im Büro sein, und meistens stehe ich im Stau.«

»Was würden Sie gern essen, wenn Sie mehr Zeit hätten?«

»Warmen Haferbrei. Das beruhigt mich.«

»Und das Mittagessen?«

»Kantine. Spagetti Bolognese, Grünkohl mit Wurst …«

»Nicht unbedingt das, was Sie möchten?«

»Weiß Gott nicht! Aber für das vegetarische Restaurant reicht die Zeit nicht.«

»Und abends?«

»Da mach ich mir eine Suppe. Oder ich lasse mir eine Pizza kommen. Ich lebe allein, wissen Sie …«

»Haben Sie keine Freunde?«

»Doch, doch! Manchmal treffe ich mich mit einer Freundin beim Italiener. Das ist meist sehr lustig.«

»Und wie steht's mit dem Sex? Haben Sie da einen Partner?«

»Naja, ich hatte einen.«

»Und …? Was ist passiert?«

»Der hat sich vor zwei Wochen in eine andere verliebt.«

»Hatten Sie mit ihm sexuelle Probleme?«

»Eigentlich nicht. Zeitweise lief es ganz wunderbar.«

»Aber?«

»Ich weiß auch nicht. Irgendwie war er nicht mehr so interessiert.«

»Wie verstehen Sie sich mit Ihren Eltern? Gibt es da Probleme?«

»Wieso, nein, wir verstehen uns gut, telefonieren mindestens einmal die Woche.«

»Gab es in letzter Zeit mal Streit?«

»Naja, ich bin da einmal etwas lauter geworden. Meine Mutter meinte wieder, ich sollte endlich heiraten und nicht so … zimperlich sein.«

»Wie war das für Sie als Kind mit Ihren Eltern? Haben Sie sich zu Hause wohl gefühlt?«

»Ja, meist schon. Aber die haben sich oft gestritten.«

»Wie war das für Sie?«

46

»Ich wollte, dass das aufhört, wusste nicht, was ich tun sollte.«

»Haben Sie mal mit Ihren Eltern darüber gesprochen?«

»Nein, nicht wirklich.«

»Lieben Sie Ihre Eltern?«

»Lieben? Also, ich weiß nicht. Liebe! Manchmal mag ich sie, manchmal bin ich auch stinksauer. Eigentlich ziemlich normal, glaub ich.«

»Was mögen Sie denn wirklich gern? Natur, Reisen, Fernsehen …?«

So könnte ein Gespräch ablaufen, bei dem ich mehr über mein Gegenüber, den »Patienten«, zu erfahren suche. Es gibt gewisse Grundfragen, die ich immer stelle. Sie beziehen sich auf die Ernährung, die Vorlieben und Abneigungen, die Gewohnheiten, das soziale Umfeld (Familie, Beruf), Krankheiten, Sexualität. Doch wie und an welcher Stelle sie gestellt werden, ist von Person zu Person verschieden. Im geschilderten Beispiel wechselte das Thema ziemlich bald vom Essen auf Beziehungsfragen. In anderen Fällen kann die Krankheitsgeschichte in den Mittelpunkt rücken. Da geht es vielleicht mehr um chronische Schmerzen, Ängste oder Depression. In jedem Fall ordne ich die Informationen unter anderem nach den 20 von Charaka aufgelisteten Attributen, stelle die Unausgewogenheiten der Doshas fest und rate danach zu bestimmten Behandlungen vor Ort (unter meiner Aufsicht) sowie zu allgemeinen Veränderungen in der Ernährung und eventuell auch im Verhalten.

Die Geschmacksqualitäten

Zur traditionellen ayurvedischen Diagnose und Therapie gehören die sechs Geschmacksqualitäten: süß (Madhura), sauer (Amla), salzig (Lavana), scharf (Katu), bitter (Tikta) und herb (Kashaya). Im Sanskrit heißen sie Rasas (Ra bedeutet preisen oder schmecken, Sa ist der Saft). Nehmen wir irgendetwas in den Mund, sei es Milch oder Pfeffer, Minze oder Tee, wird Speichel produziert, der uns den Geschmack vermittelt. Diese ursprüngliche Bedeutung hat sich, ähnlich wie bei dem deutschen Wort Geschmack, auf viele Bereiche erweitert. Rasa kann auch Melodie, Erfahrung, Interesse, Begeisterung, Emotion, Saft, Samen oder Essenz bedeuten.

In jedem Geschmack sind alle fünf Elemente enthalten, doch welche davon überwiegen, das macht die Geschmacksunterschiede aus. Bei Süßem überwiegen zum Beispiel Erde und Wasser, bei Bitterem Luft und Äther.

Wenn ich beim diagnostischen Gespräch nach den Vorlieben und Abneigungen frage, erfahre ich mehr über den »Geschmack« der betreffenden Person. Zunächst ganz konkret: Mag sie gern Süßigkeiten oder bevorzugt sie Salziges? Liebt sie scharfe Gewürze wie Pfeffer und Chili? Die Antwort gibt wiederum Aufschluss über den Typ, denn Kapha mag es salzig und süß, Pitta scharf und sauer, Vata bitter und herb. Zugleich sind dem Geschmack auch noch bestimmte Organe zugeordnet: sauer den Lungen, salzig den Nieren, bitter der Leber usw.

Und wie Geschmack ganz allgemein sehr viele Bedeutungsebenen hat, so ist auch jede der sechs Geschmacksrichtungen nicht nur organisch, sondern auch psychologisch bedeutsam. Nehmen wir als Beispiel die Süße (Madhura). Ein Mensch kann süß im Sinne von charmant, warmherzig, attraktiv sein. Süße Liebe, süße Melodien, süße Grüße, ein versüßter Tag, all das kannten die Menschen auch schon vor 3000 Jahren. Unsere Geschmacksknospen auf der Zunge öffnen sich weit und begierig für alles Süße, und so ergeht es auch unserer Seele.

Traditionell werden in Indien zwischen Guru und Schüler Süßigkeiten als Symbol der Liebe ausgetauscht, nicht etwa Chilischoten. Ayurveda gibt der Süße viel Spielraum. Von der stillen Süße der Meditation (Samadhi) bis zur Unterstützung der Gewebe (Dhatus). Doch zu viel des Süßen ist eben auch nicht gut. Wir wissen schon: Es führt zu Übergewicht, Diabetes, ebenso zu Verwöhntheit und Trägheit. Das lässt sich im Ayurveda noch ausweiten und differenzieren: Zu viel Süßes kann von Erkältungen (Kapha) über Bakterienbefall bis zum Hirnschlag führen.

Die sechs Geschmacksqualitäten sind aber vor allem auch wichtig, um bei der Erhöhung eines Doshas die richtigen Gegenmittel zu finden. Charaka schreibt: »Süß, sauer und salzig überwinden vayu (vata); herb, süß und bitter überwinden pitta; bitter, herb und scharf überwinden kapha.« (3)

An diese Regel halten wir Ayurveda-Ärzte uns auch heute noch: ausgewählte Süßspeisen bei zu viel Vata und Pitta, bei zu viel Kapha möglichst gar nichts Süßes, auch kein Weizen, keine Milchprodukte. Das Prinzip lässt sich auf alle Speisen, Lebensmittel, Kräuter und Medikamente ausweiten. Und nicht nur das. Es gilt im übertragenen Sinne ebenso auch für seelische und soziale Probleme, die unser Wohlbefinden und unsere Gesundheit beeinträchtigen. Wir kennen die Bitterkeit des Grolls, sind »sauer«, fühlen uns von der Schärfe einer Kritik verletzt. Die wichtigste Medizin ist sicher die Liebe. Doch sie muss sich nicht unbedingt in Süße und Sanftheit zeigen. Sie kann auch sehr klar und geradezu streng auftreten.

Weitere Aspekte: Gewebe und Kanäle

Bisher habe ich nur einen Bruchteil der ayurvedischen Medizin beschrieben, vielleicht drei Prozent. Aber dies ist ja kein Ayurveda-Lehrbuch, sondern ein Ratgeber zur Selbsthilfe. Im Zusammenhang mit einzelnen Problemen werde ich gelegentlich zusätzliche Aspekte einbeziehen. Zuvor möchte ich Ihnen jedoch noch einige weitere der wichtigsten Konzepte des Ayurveda nicht vorenthalten.

Untertypen der Doshas

Die drei Doshas werden nach den fünf Elementen jeweils in fünf Kategorien unterteilt, die mit ihrem Hauptsitz und ihrer Funktion im Körper zu tun haben. Interessant für die Behandlung seelischer Probleme ist, dass Vata, Pitta und Kapha, wenn sie dem feinsten Element, nämlich Äther/Raum zugeordnet werden, ihren Sitz im Gehirn haben. Vata heißt in diesem Zusammenhang Prana. Prana gilt zugleich als die Lebensenergie. Ohne Prana ist der Körper tot. Im Westen wird das Gehirn ja oft gleichsam als Sitz der Seele angesehen. Wir werden noch sehen, dass Ayurveda da eine etwas differenziertere Auffassung vertritt.

Einige weitere Grundbegriffe der ayurvedischen Medizin möchte ich hier zumindest kurz erwähnen. Auch sie werden gelegentlich später noch eine Rolle spielen.

Gewebe (Dhatus)

An einer Stelle sagt Charaka, dass seine Abhandlung vor allem dem Ziel diene, die Harmonie in den Geweben (Dhatus) zu erhalten oder wiederherzustellen. Die Dhatus sorgen für den Zusammenhalt der Zellen und Organe. Es gibt insgesamt sieben Dhatus. Sie sind zuständig für Lymphe, Blut, Muskeln, Fett, Knochen, Nerven, männliche und weibliche Fortpflanzungsorgane. Sie verwandeln und verwerten die Nahrung und die Sinneseindrücke. Das geschieht in einer Art Staffellauf. Von einem Dhatu wird der eingenommene »Stoff« zum nächsten weitergereicht. Doch jedes Gewebe nutzt ihn auf seine Weise, zieht das Passende für sich heraus und gibt das Unverdauliche weiter.

Nehmen wir als Beispiel ein Stück Schokolade. Noch bevor wir es in den Mund stecken und schmecken, haben wir es gesehen, gefühlt und gerochen. Das ist bereits Nahrung für die Sinne. Die aufgenommenen Informationen setzen Prozesse in Gang. Zumindest wird die Speicheldrüse aktiviert. Im Mund beginnt der körperliche Verdauungsprozess, der sich in Magen und Darm fortsetzt. Dabei werden die Nährstoffe (Zucker etc.) der Lymphe, dem Blut, den Muskeln, den Knochen, den Nerven und den Geschlechtsdrüsen bzw. Organen zugeführt.

Feuer (Agni)

Das alles braucht natürlich Energie: Agni, das Feuer der Umwandlung, das alchimistische Feuer der Transformation, spielt eine zentrale Rolle im Ayurveda. Ohne Feuer kein Leben. Selbst im Koma, bei künstlicher Beatmung und Ernährung, ist der Körper noch warm. Ein toter Körper ist kalt. Je besser das Feuer brennt, desto länger bleibt der Mensch gesund und desto älter kann er werden. Wir sprechen in diesem Zusammenhang auch von Vitalität.

In der vedischen Mythologie ist Agnideva der Gott des Feuers. Er hat zwei Gesichter. Eines repräsentiert Schöpfung, das andere Zerstörung. Agni kreiert neue Zellen und zerstört alte. Der Feuergott wird mit drei Zungen dargestellt. Sie stehen für die drei Doshas Vata, Pitta, Kapha und ebenso für die drei (geistigen) Qualitäten (Gunas) Sattva, Rasa und Tamas, auf die ich noch zu sprechen komme. Feuer steht in jedem Fall als integrierende Kraft hinter den Tridoshas und Trigunas. Und Agnideva hat sieben Glieder (Shakha), welche die Dhatus repräsentieren. Jedes der sieben Gewebe hat sein eigenes, spezielles Feuer. Ist es zu schwach, verursacht dies erhebliche Störungen.

Schon in den ältesten vedischen Quellen wird Feuer mit der Sphäre der Götter und des kosmischen Bewusstseins in Verbindung gebracht. Das hat wohl nicht zuletzt mit der Bedeutung des Opferfeuers in den alten Riten zu tun. Der höchste Gott ist keine Person, sondern reines Bewusstsein oder Gewahrsein – Brahman. Agni, das

Feuer, ist sein Mund. Es speist und nährt demnach Gewahrsein, in jedem von uns. Das Feuer des Gewahrseins verbindet uns mit dem göttlichen, ewigen, allumfassenden Bewusstsein. Es verbrennt unsere persönliche Geschichte.

Kanäle (Srotamsi)

Die drei Doshas bewegen sich auf je eigene Weise durch den Körper, und zwar durch bestimmte Kanäle, Srotamsi genannt. Viele kleine Bäche ergießen sich in einen Fluss, dessen Strom immer breiter und stärker wird. So ist es auch in unserem Körper. Schon in jeder einzelnen Zelle gibt es winzige Durchlässe. Zellen sind porös. Da geschieht zum Beispiel ein Austausch von Sauerstoff und Kohlendioxyd, von elektrisch positiv und negativ geladenen Ionen. Die feinen Kapillaren wiederum transportieren Blut, Nährstoffe und Plasma. All die kleinen Kanäle münden in größere. Jedes Organ wird von unzähligen Kanälen durchzogen, die Nährstoffe herbei- und Gifte abtransportieren. Insgesamt werden 17 Srotamsi (Einzahl: Srotas) unterschieden. Die einen transportieren Nahrung, andere Prana, wieder andere Blut, Schweiß, Urin oder Samen.

Die Kanäle übermitteln auch Informationen; wir können es geistige oder feinstoffliche Energie nennen. Alle Sinne, das gesamte Nervensystem funktioniert über die Srotamsi. Selbst der Verstand (Manas) verfügt über ein eigenes »Kanalsystem«, den Mano Vaha Srotas, durch das jeder Gedanke und jedes Gefühl fließt. Darauf werden wir im nächsten Kapitel eingehen.

Ein Hauptkanal aller Nervenimpulse verläuft entlang unserer Wirbelsäule. Hier kommt auch das System der Energiezentren, der sieben Chakras ins Spiel (auch davon später mehr). Die Kanäle haben im Sanskrit verschiedene Namen. Einer davon ist Nadi. Die Nadis sind oft mit den Meridianen der chinesischen Medizin verglichen worden. Im Ayurveda sind die Kanäle eng mit den Geweben (Dhatus) verbunden. Sie sind aus ihnen gemacht und versorgen sie zugleich mit Nahrung und Lebenskraft. Der Fluss durch die Kanäle kann zu schnell sein (Beispiel: Durchfall) oder zu langsam (Verstopfung). Auch hier geht es also um den rechten Ausgleich.

In einem umfassenderen Verständnis werden auch die Beziehungen zwischen Menschen, der Austausch von Gefühlen und Gedanken, von Geben und Nehmen über feinstoffliche Kanäle geregelt. Ebenso gibt es für die Verbindung zwischen dem individuellen und dem kosmischen Bewusstsein einen zentralen feinstofflichen Srotas, der vom Kronenchakra am Scheitelpunkt des Kopfes ausgeht.

2 WAS IST DIE SEELE?

Hoffnung auf Unsterblichkeit

Viele westliche Psychologen würden bei der Frage: »Was ist die Seele?« wohl den Kopf schütteln und sagen: »Das lässt sich so einfach nicht beantworten!« Und es stimmt ja auch. Die Seele ist kein Objekt, das man wahrnehmen oder messen kann. Vielleicht ist sie nur eine Erfindung unseres Geistes?

Was erhoffen oder versprechen wir uns von der Seele? Sie soll unseren Körper überdauern. Ich will nicht sterben. Ich bin die unsterbliche Seele. Glaube ich zumindest. Sagen das nicht die Religionen? Welche? Was sagen sie tatsächlich? Und was sagt die heutige Hauptreligion, die Naturwissenschaft? Wir zweifeln. Entsteht womöglich alles, was wir seelisch nennen, durch das Gehirn? Und ist dann nicht alles vorbei mit dem körperlichen Tod, da ja auch unser Gehirn verrottet?

Wir können uns hier nicht auf Wissen aus zweiter Hand verlassen. Man kann sein Leben lang heilige Texte rezitieren, die von der Unsterblichkeit der Seele handeln. Doch wenn wir diesen unsterblichen Kern in uns nicht selbst, aus eigener Erfahrung kennen, bleibt das alles nur Glaube und Hoffnung. Allerdings können auch die Kraft und Trost spenden.

Ayurveda baut auf der unmittelbaren Erfahrung einer unsterblichen Seele auf. Vermittelt werden kann diese Erfahrung allerdings nur über Konzepte, über Begriffe und Vergleiche, über Anleitungen zu Meditation, Kontemplation, Yoga usw. Welche Bedeutung hat es für unser Leben, ob wir uns als unsterbliche Seele oder als sterblicher, alternder und zunehmend kranker Körper verstehen? Es hat alle nur erdenkliche Bedeutung! Wenn ich weiß: Kein Krebs, keine Demenz, keine Lähmung kann das zerstören, was ich im Kern, in Wahrheit bin, dann bekommt das Leben eine ganz andere Qualität, als wenn ich ständig um mein Ende besorgt bin.

Seele ist ein sehr vieldeutiger Begriff. Wir können das an unseren eigenen Vorstellungen überprüfen. Wir sprechen bei Gefühlen der Zuneigung und Abneigung von seelischen Reaktionen. »Ich liebe dich, ich hasse dich.« Als hätten wir damit einen Schlüssel zu unserem wahren Wesen in der Hand! Mit fünf Jahren wurden wir wütend, wenn uns die Eltern ins Bett schickten, mit fünfzehn, als sie uns zur Schule aufweckten, mit fünfundzwanzig, wenn wir ins Büro mussten usw. Psychologisch ist das vielleicht aufschlussreich. Doch das ist es doch nicht, worum wir bangen, wenn es um die Seele geht, oder? All die Vorlieben, Gewohnheiten, Verhaltensmuster, wollen wir die wirklich auf ewig erhalten? Sehnen wir uns nicht nach einem ganz anderen Leben?

Ayurveda bietet eine Lösung an. Danach gibt es eine unsterbliche Seele, aber sie ist womöglich nicht so, wie wir denken. Sie kennt uns, doch wir kennen sie nicht. Sie lässt den Körper sterben, wenn es soweit ist, und erschafft einen neuen. Sie nimmt unsere Vorlieben und Abneigungen wahr, doch sie ergreift nicht Partei. Diese Seele gehört uns nicht. Wir gehören ihr. Das gilt übrigens auch für den Körper. Er ist ihre sichtbare, wechselnde Gestalt. Dieser Körper ist nicht »mein«. Er gehört dem Leben. Er wird darin geboren, wächst auf, wird alt, stirbt und vergeht. Habe ich irgendeinen Atemzug, einen Herzschlag, eine einzige Bewegung der Zellen bewusst herbeigeführt?

Die Seele gehört mir nicht. Ich bin ein Teil von ihr. Das ist für uns nicht so leicht zu akzeptieren – obwohl wir im Grunde wissen, dass die eigentlichen Glücksmomente in unserem bisherigen Leben gerade die waren, die wir nicht geplant hatten, die völlig überraschend kamen. Was sagt die Tradition des Ayurveda über die Seele? Welches Menschenbild vertritt der Ayurveda-Arzt? Davon hängt sehr viel ab. Im Folgenden skizziere ich einige Grundkonzepte der Ayurveda-Philosophie, welche die Seele betreffen. Wir können uns dieser vielschichtigen Thematik nur annähern, ja vorsichtig an sie herantasten. Denn wer weiß schon, was die Seele wirklich ist? Womöglich ist sie gerade das, was sich jeder Definition entzieht und nur in Momenten göttlicher Intuition erahnt werden kann.

Die kosmische Ordnung

Eines ist im Ayurveda ganz klar: Der Mensch steht nicht im Zentrum des Ganzen. Er ist nicht »das Maß aller Dinge«, wie es etwa der griechische Philosoph Protagoras im 5. Jahrhundert v. Chr. behauptete. Jeder hat seine subjektive Sicht der Welt und ihm scheint, er sei das Zentrum von allem. Doch laut Ayurveda gehorcht jedes Wesen körperlich, seelisch und geistig allgemein verbindlichen Prinzipien und Gesetzen des Universums. Auch die individuelle Seele ist nur ein winziger Teil des Kosmos. Allerdings wird dieser Kosmos nicht – wie in den westlichen Naturwissenschaften – als ein materielles Objekt verstanden, das es zu messen gilt, sondern eher im Sinne der Religion als ein unermessliches göttliches Bewusstsein.

Shad Darshan

Ayurveda hat sich sechs der alten vedischen Philosophien für seine Aufgabe des Heilens zu Eigen gemacht. Diese sechs Sichtweisen werden Shad Darshan genannt (Shad bedeutet sechs und Darshan »direkt sehen, erkennen«). Entwickelt haben sich die Philosophien aus den Zigtausenden von Versen, welche die Seher (Rishis) vor über 5000 Jahren ihren Schülern mündlich (und energetisch) übermittelten. Dabei entstanden unterschiedliche Richtungen und Schwerpunkte, die sich teilweise ergänzen.

Sankhya, begründet von Kapila, widmet sich der Frage, wie sich das Leben entwickelt hat. Was ist der ursprüngliche Impuls und wie entsteht diese ungeheure Vielfalt der Formen? Ein Unterschied zu westlichen Evolutionstheorien ist auf Anhieb zu erkennen. Sie blicken vor allem in die Vergangenheit. Wie entstand das Universum, wie entstanden die Arten? In der Sankhya-Philosophie geschieht die Evolution in diesem Moment, und zwar nicht aus einer messbaren Quelle, sondern aus reinem Bewusstsein, aus reiner Energie.

Nyaya, begründet von Gautama (nicht der Buddha!), interessiert sich dafür, wie wir erkennen, denken und einteilen. Es ist ein System der Logik und könnte mit der Logik des Aristoteles verglichen werden. Ayurveda verdankt ihr die Methoden der Unterscheidung, der Analyse.

Vaisheshika geht auf den Weisen Kanada zurück und thematisiert stärker die Objektseite, die Welt, die wir erfahren. Was genau geschieht da, wie interagieren die Dinge, von den kleinsten Teilchen bis zu den Sternen? Das entspricht in etwa der westlichen Physik. Diese Richtung regt Ayurveda-Ärzte bis heute zur genauen, unvoreingenommenen Beobachtung an.

Mimansa, entwickelt von Jaimini, konzentriert sich auf die Beziehung zwischen Mensch und Gott bzw. Göttern. Sie ist eine ethische Lehre, in der (die vedischen) Gebete, Mantras und Rituale eine zentrale Rolle spielen. Richtiges Handeln, angemessenes Verhalten, positive Einstellung: Das sind im Ayurveda zentrale Aspekte der Gesunderhaltung und Heilung. Und dazu – eher begleitend – Rituale: Räucherstäbchen, Mantragesang etc.

Yoga – die wichtigste Schrift stammt von Patañjali – sucht die Vereinigung mit Gott durch die Sammlung und Überwindung zerstreuender Gedanken (Yoga, ursprünglich: das Joch; zwingt den oder die Ochsen in eine Richtung). Yoga ist heute weltweit die populärste der sechs Richtungen, er wird jedoch in seinem eigentlichen Anliegen nicht immer richtig verstanden oder vermittelt. Yoga bedeutet die Befreiung des Menschen von seinen zumeist

57

selbst auferlegten geistigen Fesseln. Ayurveda hat Yoga auf vielen Ebenen integriert. Fitness und Gelenkigkeit liegen dabei eher an der Oberfläche.

Vedanta, unter anderem begründet von Badarayana, bedeutet wörtlich »das Ende des Wissens«. Wissen in Form von angehäuften Informationen und Meinungen kann echte, tiefe Erkenntnis verhindern. So ist es ein Anliegen dieser Richtung, zu einer unmittelbaren Einsicht der Wahrheit zu gelangen, bei der angeeignetes Wissen (und sei es aus den heiligen Schriften) nur stört. Ein weiteres Merkmal von Vedanta ist die Annahme, dass alles Bewusstsein ist. Es gibt nichts anderes, nichts Zweites (A-dvai). Dieser nicht-dualistische Ansatz wird auch als Advaita bezeichnet. Ayurveda-Ärzte lassen sich durch (Advaita) Vedanta dazu inspirieren, sich auf die Essenz und das Eine, Unveränderliche im Leben zurückzubesinnen.

Wie Sie vielleicht schon sehen können, hat sich die indische Philosophie intensiv mit der Frage beschäftigt, wer oder was wir in Wahrheit sind. Keine der Richtungen, nicht einmal die in unserer östlichen Tradition als materialistisch geltenden, geht davon aus, dass Seele und Bewusstsein eine Art Nebenprodukt des Gehirns seien. Das ist eine Annahme, die sich nur aus der Kultur- und Geistesgeschichte des Abendlandes erklären lässt. In Indien galt und gilt das reine Bewusstsein oder die immaterielle Energie stets als Quelle der Materie und nicht umgekehrt. Das hat wohl nicht zuletzt mit dem Vorbild der Rishis zu tun, jenen Weisen, die ihr Wissen aus der eigenen Erfahrung, aus tiefer Versenkung und Meditation schöpfen.

Ich möchte nun einige Grundbegriffe der ayurvedischen Philosophie in Bezug auf die Seele erläutern. Sankhya (siehe oben) spielt dabei traditionell die wichtigste Rolle, jedenfalls was das Weltbild der meisten Ayurveda-Ärzte betrifft.

Stellen Sie sich einmal vor, Sie sitzen mit geschlossenen Augen in stiller Meditation, wie vielleicht schon oft oder regelmäßig. Plötzlich ändert sich etwas. Der Raum scheint sich zu weiten. Sie sehen nichts, es ist eher ein Gefühl der Ausdehnung. Die Geräusche von weit her sind überdeutlich zu hören, scheinen ganz nah. Lichtpunkte tauchen auf, immer mehr und immer klarer. Sterne, Galaxien. Ein Gedanke entsteht und zieht vorbei, wie in endloser Zeitlupe: »Was ist das?«

Sie haben wohl schon von solchen Erfahrungen gelesen: kosmisches Bewusstsein – faszinierend! Doch nun geschieht es tatsächlich. Da ist ja überhaupt kein Boden! Das Zimmer, der Stuhl, der Körper – nichts mehr davon zu spüren. Auch keine Geräusche mehr von der Außenwelt. Außenwelt? Außen, innen? Macht keinen Sinn mehr. Zeit? Sind Sekunden vergangen, Minuten? Stunden? Jahre? Macht auch keinen Sinn mehr. Da ist nur noch unendlicher Raum, Leere. Kein Körper, kein Geräusch, keine Erfahrung, kein Gedanke, keine Zeit.

Das ist eigentlich unvorstellbar, doch solche »Erfahrungen« sind möglich. Die vedischen Seher, die Rishis, haben sie vermittelt und jeder Mensch heute kann dasselbe erleben. In diesem Bewusstsein ist alles so wahr, dass jede Theorie, jede logische Beweisführung im Vergleich dazu müde, schlaff, hilflos, belanglos wirkt. Es ist einfach evident, aus sich selbst heraus strahlend und unbezweifelbar.

Aus solch unmittelbarem Wissen, nicht aus philosophischen Überlegungen, erwuchs die Behauptung: Am Anfang war, ist und wird sein Purusha, das reine Bewusstsein, ungeschaffen, noch vor Zeit und Raum. Wir versinken darin jede Nacht im Tiefschlaf, aufgelöst im Nichts. Morgens erwachen wir wieder zu einem bestimmten Individuum mit einem Körper, einem Zuhause, einem Tagesplan. Doch untergründig bleibt das Nichts. Purusha ist stets gegenwärtig, nimmt alles wahr, gibt aber keine Impulse, irgendetwas zu tun. Es gilt als das höchste Prinzip der Wahrheit, der Heilung und der Erleuchtung.

Doch woher kommt der erste Anstoß, der Anstoß dazu, dass überhaupt etwas existiert? Die Seher nannten diesen Impuls Prakruti bzw. Prakriti, die Mutter des Seins. Es ist ursprünglicher Wille, das Prinzip der Materie, kreatives Potenzial, aus dem das Universum der Formen entsteht. Doch ohne Purusha, das reine, gestaltlose Bewusstsein, gäbe es auch Prakriti nicht. Noch bevor sich irgendetwas manifestiert und wahrgenommen werden kann, sind da Purusha und Prakriti, das geistige und das materielle Prinzip, als reines Bewusstsein oder Gewahrsein, auch Brahman genannt. Man könnte sagen: Gott ist unabhängig von jeder Schöpfung. Brahman ist vor oder jenseits von Zeit und Raum, jenseits aller Vorstellungen und Formen. Universen, mit all ihren räumlichen und zeitlichen Strukturen, können entstehen und vergehen. Doch »etwas« bleibt immer gleich, unbewegt und unverändert. Ein bekanntes Bild dafür ist die Nabe, der Mittelpunkt eines Rades: Egal wie schnell sich das Rad dreht, sie bleibt immer still und unbewegt. Und das ist unsere wahre, ewige Natur.

Wenn sich der Schöpfungswille zu realisieren beginnt, entsteht eine Art Kettenreaktion von Ursache und Wirkung. Zuerst ist da ein Gewahrsein des Seins, genannt Mahad (oder Buddhi). Mahad bedeutet höchste Intelligenz, das, was Ordnung erschafft und erhält. Mahad leitet jede Zelle im Organismus dazu an, ihre Funktion zu erfüllen. Der nächste Schritt ist die Bildung des Ich-Bewusstseins (Ahamkara). Damit entsteht ein eigenes Zentrum mit einem begrenzten Radius und Umkreis. Während Mahad, die reine Intelligenz, noch nicht unterscheidet, beginnt mit dem »Ich bin« die Identifikation mit etwas, nämlich mit dem Ich. Hier beginnt die Unterscheidung zwischen mir und dem Anderen, der Welt dort draußen.

Nun ist auch die deutliche Unterscheidung von drei universalen Eigenschaften möglich, die potenziell in Prakriti, im Prinzip der

Materie, wie Samen enthalten sind: Sattva, Rajas und Tamas. Sattva steht für Licht, Klarheit, richtiges Handeln und Spiritualität. Rajas sorgt für Beweglichkeit, Veränderung, Erregung. Tamas schließlich bedeutet Starre, Dunkelheit und Verwirrung. Alles was existiert und geschieht, hat einen mehr oder weniger starken Anteil dieser drei Gunas in sich. Jeder Mensch ist stärker von Sattva bestimmt als eine Pflanze oder gar ein Stein. Doch die Menschen unterscheiden sich ebenfalls voneinander durch ihren Grad an Weisheit, Willenskraft oder Standfestigkeit bzw. Unbeweglichkeit. Unsere Vorbilder sind ja vor allem weise und willensstarke Menschen.

Die Qualitäten lassen sich auch nach Tageszeiten unterscheiden: Sattva lässt uns morgens aufwachen, Rasas den Tag mit all den Aktivitäten planen und durchführen, Tamas lässt uns abends einschlafen. In einer weiteren Einteilung wird Sattva dem wahrnehmenden Subjekt, Rajas dem Vorgang der Wahrnehmung und Tamas dem Objekt der Wahrnehmung zugeordnet.

Und so entstehen aus den Kombinationen der drei Gunas die fünf Sinne bzw. sinnlichen Eigenschaften und die fünf ausführenden Organe, unterteilt in die subjektive Seite (Sattva, Rajas) und die objektive Seite (Rasas, Tamas).

Mit diesem Modell versucht die Shankhya-Philosophie zu zeigen, wie sich aus reinem Bewusstsein, Gott oder dem Absoluten das Universum mit all seinen Formen entwickelt. Es schließt das zeitliche Modell westlicher Evolutionstheorien wie das von Charles Darwin nicht aus, geht aber weit darüber hinaus.

Wir gehen davon aus, dass Entwicklung Zeit braucht. Shankya sieht das Prinzip von Ursache und Wirkung, bleibt jedoch, was die Zeit betrifft, indifferent bzw. neutral. Aus naturwissenschaftlicher Sicht hat die Entwicklung von der Urmaterie oder den ersten Einzellern bis zum menschlichen Gehirn Milliarden von Jahren gedauert. Zugleich durchlaufen wir als Embryo alle Entwicklungsstadien in neun Monaten. Auch diese Erkenntnis gehört zum heutigen wissenschaftlichen Allgemeingut.

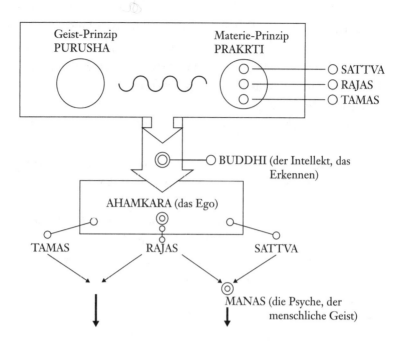

Elemente der Wahrnehmung:	**Sinnesorgane:**
Geruch	Geruchssinn
Geschmack	Geschmackssinn
Form, Farbe	Gesichtssinn
Konsistenz	Tastsinn
Schall	Gehör
Grundelemente:	**Tatorgane:**
Erde	Hand
Wasser	Fuß
Feuer	Geschlecht
Luft	Anus
Äther	Zunge
OBJEKTSEITE	SUBJEKTSEITE

Wenn drei Milliarden Jahre auf neun Monate verkürzt werden können, dann ist vielleicht auch die Erfahrung von Evolution innerhalb von Sekunden möglich. Und tatsächlich geschieht diese geistige Evolution von reinem Bewusstsein zur Erscheinung der ganzen Welt jeden Morgen, wenn wir aus dem Tiefschlaf erwachen. Von außen betrachtet wird einfach nur ein schlafender Organismus wach. (Darüber würde sich ein Biologe oder Mediziner nur wundern, wenn der schlafende Organismus in ein Koma übergegangen ist.)

Doch aus dem inneren Erleben heraus sieht die Sache anders aus. Wer sich nur einmal an dieses Erwachen erinnern kann, weiß: Diese Existenz taucht nicht auf, weil Körper und Gehirn noch richtig funktionieren. Zuerst ist da nur dieses Bewusstsein von Dasein, ohne jede Ahnung, wer oder wo ich bin, ganz zu schweigen von der Vorstellung, mit einem bestimmten Körper oder gar Gehirn verbunden zu sein. Dann erst wird das Gedächtnis aktiviert. Ich bin ein Mensch, bin der so und so, liege im Bett, muss zu einer wichtigen Geschäftsbesprechung. Das Bewusstsein scheint sich zusammenzuziehen. Mit dem Ichgefühl ist auch das Zeitempfinden da. Was ist geschehen? Für einen Moment vielleicht noch der überwältigende Eindruck: »Das war die gesamte Geschichte des Lebens!« Doch schon vorbei. Nächster Gedanke: »Wie lange bin ich schon wach? Sekunden, Minuten?«

Es geschieht ziemlich selten, dass wir uns an das Aufwachen so erinnern können, wie es wohl die Rishis zur vedischen Zeit konnten und manche Yogis und Meditationsgeübte auch heute gezielt tun können. Es erfordert viel Zeit, Übung und insgesamt einen anderen Lebensrahmen. Doch ob wir uns nun erinnern oder nicht, der Weg aus dem Tiefschlaf ins Wachbewusstsein durchläuft die im Shankhya beschriebenen Entwicklungsstadien, und zwar in einer nicht messbaren Zeit. Sie kann objektiv eine Millisekunde, subjektiv ewig dauern.

Bei dem Begriff Evolution denken wir an Höher- und Weiterentwicklung, von simplen Zellen zu komplexen Organismen und Gehirnen. Vom Affenmensch zum Supermann. In der Shankhya-Philosophie ist das Verständnis von Evolution ein anderes. Fast scheint es, als würde da eher eine Degeneration denn eine Fortentwicklung beschrieben. Doch so ist es nicht. Zwar wird nichts neu entwickelt oder hinzugewonnen, was nicht schon von vornherein in der Energie von Purusha und Prakriti enthalten ist. Doch wie sich dieses Potenzial entwickelt, ist ein stets neues Spiel des Lebens. Was auch immer entstanden ist und entstehen wird, kann in seiner Qualität oder Energie nie mehr sein als die Quelle, aus der es stammt. Und so kann der menschliche Verstand mit seinen durch die Sinne gespeisten Informationen niemals seine Quelle erkennen oder gar beherrschen und kontrollieren. Er schafft nicht Evolution, sondern er ist ihr Diener.

Seele und Verstand, Zeit und Richtung

Die Vaisheshika- und die Nyaya-Philosophie sind sich darin einig, dass die Grundgesetze und Prinzipien des Lebens nicht irgendeiner subjektiven Eingebung entstammen können. Sie müssen sich direkt erfahren oder zumindest schlüssig beweisen lassen. So kamen diese philosophischen Richtungen auf neun Faktoren, die das Leben beeinflussen. Vier davon sind der Erkenntnis zugeordnet: Wahrnehmung, Schlussfolgerung, Vergleich und Zeugenaussage. Der fünfte Faktor umfasst die fünf Elemente; der sechste ist die Seele.

Die Seele (Atman) gilt als ewig, universell und unteilbar. Sie ist individuell (Jivatman) oder überindividuell, allumfassend (Paramatman). Wir können sie weder in anderen noch in uns selbst direkt wahrnehmen. Wir schließen vielmehr aus vielen Beobachtungen, dass es sie geben muss. Eine davon ist, dass wir nach dem Aufwachen wissen, ob wir gut oder schlecht geschlafen haben.

Ohne eine Seele, die auch ohne unser Wachsein präsent ist, könnten wir das nicht wissen.

Aber auch unser Verstand (Manas), der siebte Faktor – unsere Gedanken, die Kontrolle über viele Aktivitäten während des Tages auszuüben scheinen –, läuft meist automatisch, unbemerkt, unbewusst ab. Eine Theorie des Unbewussten gibt es nicht erst seit Sigmund Freud. Sie wurde bereits vor über 2000 Jahren in Indien entwickelt. Im Westen ist das (auch von Freud benutzte) Bild vom Eisberg populär, um das Verhältnis von Bewusstem und Unbewusstem zu veranschaulichen. Nur die Spitze ragt aus dem Wasser, etwa ein Siebtel. Es steht für den bewussten Teil des Verstandes. Der viel größere Teil des Eisbergs ist verborgen und kann Schiffen zum Verhängnis werden, wie im berühmten Fall der Titanic. Im übertragenen Sinne bedeutet das Bild, dass die Kräfte und Vorgänge im unbewussten Teil unserer Seele unberechenbar sind.

In Indien waren Eisberge damals unbekannt. Doch allgemein bekannt war bereits, dass die unbewussten Vorgänge durch Meditation und Yoga erforscht und bewusst gemacht werden können – und dass dies heilend auf Körper und Seele wirkt. Diese Bewusstwerdung kann bis in die Zellen reichen.

Zeit (Kala) ist der achte Faktor. Zeit bedeutet in der altindischen Philosophie Bewegung und Veränderung. Und tatsächlich messen wir bis heute die Zeit an der Bewegung des Uhrzeigers oder elektronisch an der Bewegung von Zahlen, die auf irgendeinem Bildschirm erscheinen. Im Ayurveda hat jedes Dosha und jedes Heilmittel »seine« speziellen Zeiten. Im Westen gibt es dafür erst seit wenigen Jahrzehnten besondere Forschungszweige wie die Chronobiologie, Chronomedizin oder Chronopharmazie. Es konnte inzwischen wissenschaftlich nachgewiesen werden, dass selbst die Zellen über so etwas wie eine »innere Uhr« verfügen. (4)

Alles im Leben geschieht zur richtigen Zeit. Die Bahnhofsuhren symbolisieren das auf der ganz alltäglichen, äußeren Ebene. Wenn wir uns vor dem Einschlafen sagen: »Morgen muss ich um sechs

Uhr aufstehen!«, sind wir meist tatsächlich um diese Zeit wach. Ob wir dann auch aufstehen, ist eine andere Frage. In jedem Fall: Es gibt sie, die innere Uhr.

Aber das ist noch längst nicht alles. Zeit spielt auch psychologisch eine enorm wichtige und komplexe Rolle. Die psychologische Zeit entsteht durch unsere Gedanken, die wiederum Vergangenheit und Zukunft kreieren. Angst, Trauer, Ärger, Groll, Sorge, Hoffnung, Enttäuschung haben mit unserem subjektiven Zeitempfinden zu tun. Körperliche wie seelische Verletzungen brauchen je nach Person unterschiedlich viel Zeit, um zu heilen. Eine heilsame Eigenschaft, die ebenfalls auf dem Zeitempfinden basiert, ist Geduld. Meditation macht es möglich, tiefer ins Innere zu tauchen, gleichsam unterhalb des Stroms der Gedanken und der Zeit. Wenn das geschieht, fühlen wir uns weniger angetrieben und gehetzt. Wir entwickeln Geduld, Gelassenheit und Mitgefühl.

Richtung (Dig) ist der neunte und letzte der kausalen Faktoren in dieser Philosophie. Ayurveda hat sich auch in diesem Punkt von ihr anregen lassen. Die Doshas werden unter anderem aufgrund ihrer Bewegungsrichtung bestimmt und eingeschätzt. Aufwärts, abwärts oder seitwärts? Davon kann abhängen, in welchem Entwicklungsstadium sich eine Unausgewogenheit bzw. Krankheit befindet. Kapha zum Beispiel sammelt sich in der beginnenden Störung in seinem Hauptsitz im Magen an und steigt in der nächsten Phase nach oben, in die Lunge, wo es sich als Verschleimung oder Entzündung manifestieren kann.

Ebenso wichtig sind die Himmelsrichtungen. Dem Osten wird die heiße, helle und klare Energie der Sonne zugeordnet, dem Westen die eher kühle, weiche, weibliche des Mondes. Gen Norden wird es kühler, gen Süden wärmer. Solche Werte können einen Ayurveda-Arzt veranlassen, seinem Patienten bestimmte Verhaltensänderungen vorzuschlagen. Statt zum Beispiel beim Schlafen mit dem Kopf Richtung Norden zu liegen, könnte es besser sein, ihn nach Westen zu betten. Auf diese Weise kann nicht nur das Bett umgestellt, sondern auch die ganze Wohnung optimal auf die Energien der Himmelsrichtung ausgerichtet werden. Damit befasst sich die indische »Schwester« des chinesischen Feng Shui: Vastu (Shilpa Shastra).

Werte und Achtsamkeit

Alle hier vorgestellten indischen Philosophien wollen den Menschen helfen, sich von ihren Leiden zu befreien. Die einen setzen auf Erkenntnis, andere eher auf richtiges Handeln. Und da jeder Mensch etwas anders veranlagt ist, spricht eben den einen stärker das Logische und einen anderen eher das Gefühlsmäßige oder konkret Praktische an. Doch immer geht es um eine Umkehr: Besinne dich auf deine wahre Natur, die Seele! Verwickele dich nicht so sehr in Probleme, die der Verstand erschafft. Finde erst einmal dein inneres Zentrum, bevor du wie wild die Menschheit zum Kampf gegen Ungerechtigkeit, Krieg, Umweltverschmutzung usw. aufzurütteln versuchst. Erkenne die ewige Ordnung des Universums. Sie ist aus sich heraus gut, so wie du selbst und alle anderen Wesen – als Teil dieser Ordnung – grundsätzlich gut sind. Es gibt immer wieder Störungen der ursprünglichen Balance, keine Frage. Und wir sind durchaus aufgerufen und aufgefordert, die uns gegebenen Mittel und Kräfte einzusetzen, um zur Wiederherstellung der Harmonie beizutragen. Der beste Weg dazu ist allerdings, die natürliche Ordnung und die eigene Natur erst einmal zu erkennen.

Die Seele kennt und liebt die kosmische Ordnung. Der Verstand – ihr Diener – kennt und liebt die weltliche Ordnung. Er geht auf Nummer sicher. Nicht selten muss die äußere Ordnung – der sichere Arbeitsplatz, die Familie, der soziale Status – auseinander brechen, um den Wert einer tieferen, umfassenderen Ordnung zu enthüllen. Aus Verzweiflung kann unerwartet Liebe erwachsen. Das Gefühl der Ausweglosigkeit wird von einem Bewusstsein der Freiheit und Dankbarkeit weggefegt.

Aber die Einsicht muss nicht über die »dunkle Nacht der Seele« kommen. Sie ist jederzeit im ganz normalen Alltag möglich. Dazu dienen die vom Ayurveda übernommenen Philosophien. Heute sind das überwiegend Yoga und Vedanta bzw. die Lehren Buddhas.

Diese drei Philosophien haben einiges gemein, vor allem aber dieses: Sie legen ganz besonderen Wert auf Achtsamkeit, Bewusstheit. Anders ausgedrückt: Achtsamkeit wird selbst zu einem hohen ethischen Wert, ja zum Sinn des Lebens. Zunächst ganz praktisch: Wenn wir darauf achten, wie wir uns bewegen, verringert sich die Gefahr einer körperlichen Verletzung. Wenn wir stärker und genauer beobachten, was und wie wir etwas sagen, entstehen weniger Missverständnisse und seelische Verletzungen. Wenn wir verstärkt auf unseren Atem achten, werden wir insgesamt ruhiger und gelassener. Achten wir beim Essen besser aufs Kauen und genießen jeden Bissen, fühlen wir uns leichter, klarer und erreichen schon bald das uns angemessene Körpergewicht. Spüren wir beim Liebemachen genauer in unsere Empfindungen und Gefühle hinein, dann werden unsere Berührungen zärtlicher. Sex wird zur Liebe und schenkt unserer Partnerschaft, unserem ganzen Leben eine wunderbare Kraft und Erfüllung.

In all diesen Beispielen richten wir unsere Aufmerksamkeit auf unsere sinnliche Wahrnehmung. Entscheidend ist dabei, dass wir uns ganz und gar auf die Erfahrung einlassen. So kann es zu einer Verschmelzung zwischen Subjekt und Objekt, zwischen Wahrnehmendem und Wahrgenommenem kommen. Das wäre ein Beispiel für die Vereinigung, auf die Yoga abzielt.

Angenommen, ich werde von einem Regenguss überrascht. Die Tropfen prasseln auf mich herab. Statt mich darüber zu ärgern und darauf zu achten, wie ich halbwegs trocken bleibe, kann ich mich auch ganz diesem Naturereignis öffnen. Ich lausche auf die Geräusche des Regens, ohne Beurteilung, und entdecke immer neue faszinierende Klänge. Ich spüre die Nässe am Körper, spüre jeden Tropfen, wie er auf die Haut platscht und an ihr herunter rinnt.

Und dabei geschieht etwas Merkwürdiges: Mein innerer Widerstand verschwindet. Und nicht nur das. Ich selbst bin scheinbar verschwunden. Doch das wird mir, wenn überhaupt, erst später bewusst. Im Moment ist nur noch Lauschen, Spüren, Empfinden und – wie nebenbei – ein Bewusstsein von Raum, in dem das alles geschieht. Gar nichts Sensationelles. Keine Erleuchtungsblitze. Doch das ist mit Purusha gemeint: der Bewusstseinsraum, in dem das Sinnliche erscheint. Das geschieht in jedem Moment unseres Lebens. Meist baut der Verstand eine Trennwand auf. Sie ist als Schutz gedacht. Der Körper soll vor schädlichen Einwirkungen geschützt werden. Entsprechend kann eine ungewohnte Öffnung zunächst als Schutz- oder Hilflosigkeit empfunden werden. Doch zugleich gilt gerade diesem Verschmelzen von Innen und Außen, dieser Erfahrung von Einheit unsere tiefste Sehnsucht.

Sollten Sie unvermutet erleben, wie sich alles zu vermischen scheint, und Sie fühlen dabei eine starke Angst aufkommen, achten Sie auf den Atem und die Körperempfindungen. Die Angst ist ein Schutzmechanismus, sie geht wieder. Denn Ihr Überleben ist nicht in Gefahr. Das Leben bietet Ihnen einfach nur die Möglichkeit an, etwas ganz Neues, Unbekanntes zu erfahren. Und die Angst steht als Wächter davor. Der Tod steht für das Unbekannte, Unerkennbare schlechthin. Deshalb haben wir vor ihm am meisten Angst. Alles Unbekannte ist für uns eine Art Tod. Doch tief in uns ist etwas, das keine Angst hat. Es kennt unzählige Tode und Geburten.

Wir können unsere Aufmerksamkeit auch von den Objekten abwenden und sie dem zuwenden, was wahrnimmt. Das ist einer der Wege im Vedanta und im Buddhismus. Wir hören zum Beispiel eine Musik und stellen uns die Frage: Für wen oder was sind diese Töne jetzt da? Wo genau tauchen sie auf; wo werden sie empfangen und wahrgenommen? Wohinein verschwinden sie? Wer oder was hört? Wer beobachtet das Hören? Mit solchen Fragen dringen wir tiefer in die Seele bzw. das wahrnehmende Bewusstsein vor. Das ist eine sehr wirkungsvolle Kontemplation, die wir übrigens auch bei

Schmerzen anwenden können. Wer oder was nimmt die Schmerzen überhaupt wahr?

Die alten Schriften lassen diese Frage nicht unbeantwortet. Sie fordern aber zugleich immer wieder dazu auf, die Antwort selbst zu finden. Denn was nützt uns ein Sutra wie das von Charaka, dem zufolge Atman, die unsterbliche Seele, das ist, was alles beobachtet, ohne je selbst verletzt oder krank zu werden? Sollen wir das glauben? Nein, wir sollen und können das ohne Zweifel in uns selbst entdecken. Denn wir sind das, was alles wahrnimmt, in jedem Moment. Es genügt eine kleine Verlagerung der Aufmerksamkeit, um das zu erkennen (Übungen dazu im Anhang).

Wir glauben meist, wir könnten die Gefühle des anderen daran erkennen, wie er sich nach außen gibt. Wie er lacht und spricht, wie er den Mund verzieht und gestikuliert. Doch das verrät nur einen kleinen Teil seiner Seele. Es sagt einiges über seine Konditionierung, aber wenig über seinen unsterblichen Kern aus. Wenn wir diesem Kern gerecht werden wollen, sollten wir zunächst anerkennen, dass das Leben unendlich viel weiter und größer ist als unser begrenzter Verstand.

Körper und Hüllen der Seele

Falls es eine Seele gibt, wo könnte sie beheimatet sein? Wo bin ich zu Hause? In meinem 2-Zimmer-Apartment, meiner Eigentumswohnung, in meinem Land, dessen Sprache ich fließend spreche und verstehe? Ja und nein. Wird mir die Wohnung gekündigt oder muss ich mein Land, meine Heimat verlassen, so kann sich das sehr störend auf mein körperliches und seelisches Befinden auswirken. Die Seele braucht anscheinend eine Art von Schutz. Hier stellt sich die Frage, ob sich da nicht der Verstand als Seele ausgibt. Doch wie können wir unseren Verstand von der Seele unterscheiden?

Eine Antwort liefert das Modell der verschiedenen Seelenkörper und -schichten. Fast alle indischen Weisheitstraditionen schätzen das Unsichtbare und Innerste im Menschen höher und wirkungsvoller ein als das Sichtbare und Materielle. Das gilt für die vedischen Überlieferungen ebenso wie für den Buddhismus. In beiden Traditionen werden drei Körper (Sharira) bzw. Orte (Loka) unterschieden:

1. Kausal/formlos/reines Gewahrsein (Karana Sharira, buddhistisch: Arupa Loka)

2. Feinstofflich/übersinnlich/Chakras, Energiefelder (Sukshma Sharira bzw. Rupa Loka)

3. Grobstofflich/sinnlich/körperlich (Sthula Shakira, Kama Loka)

Jede dieser Ebenen hat eine oder zwei Hüllen (Koshas): Die feinste Hülle, Anandamayakosha genannt, gehört zum subtilsten Körper. Ananda bedeutet Liebe und Glückseligkeit. Maya bedeutet hier zunächst einfach nur »gemacht aus« (also: Hülle, gemacht aus Liebe). Maya wird oft mit Illusion oder Täuschung übersetzt. Besser jedoch wären Begriffe wie Getrenntheit und Veränderung. Denn Maya ist alles, was sich verändert und was wir erfahren können. Die Seele (Atman) ist auf dieser Ebene im Zustand der Seligkeit. Doch sie befindet sich immer noch in einer Hülle, ist also begrenzt. Die Hülle der Wonne trennt sie vom allumfassenden Brahman. Zugleich gehen von dieser feinsten Ebene kausale Impulse aus, das heißt Veränderungen und Handlungen (Karma).

So bildet sich der nächste, der Astralkörper, der karmisch bedingt und die Quelle von Freude und Leid ist. Diesem Körper werden verschiedene Geisteskräfte wie Unterscheidungsvermögen (Buddhi), Verstand und Sinnesbewusstsein (Manas), Ich-Bewusstsein (Ahamkara) oder Reflexion (Antahkarana) zugeordnet. Er hat eine intellektuelle Hülle (Jnanamayakosha) und eine emotionale (Manomayakosha). Erstere lässt uns unsere Erfahrungen zu einem Weltbild formen und hilft uns, dieses auch anhand der Wirklich-

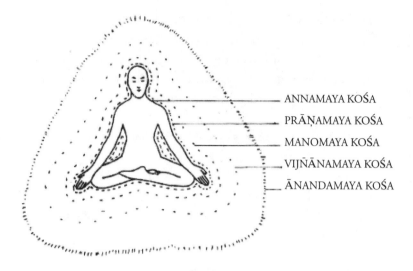

ANNAMAYA KOŚA
PRĀṆAMAYA KOŚA
MANOMAYA KOŚA
VIJÑĀNAMAYA KOŚA
ĀNANDAMAYA KOŚA

keit zu überprüfen. Die zweite Hülle dient der Orientierung und Ordnung. Wo bin ich? Wie fühle ich mich? Was geschieht gerade? Dabei wird allerdings auch bewertet: »Kein guter Ort, schlechte Energie …!« Zur Reinigung dieser Hülle wird das Beobachten der eigenen Gedanken und Gefühle empfohlen (ebenso Chakrameditationen; siehe Anhang Seite 197 ff.).

Zum dichtesten Körper der Seele gehören zwei Hüllen oder Schichten. Die feinere davon, Pranamayaosha genannt, umgibt den physischen Körper als elektromagnetisches Feld. Sie wird auch als Energiekörper bezeichnet. Von hier wirkt Prana, die Lebensenergie, unmittelbar auf unseren materiellen Körper. Er entspricht der fünften Hülle, Annamayakosha. Anna bedeutet Nahrung. Wir müssen essen und trinken, um zu überleben. Der Körper besteht aus umgewandelter Nahrung.

Die fünf Seelenschichten (Koshas) können ganz unterschiedlich interpretiert werden. Sind sie Schutzschichten? Oder sind sie Energiefelder, die von einem Zentrum ausstrahlen und nach außen hin immer schwächer werden? Das ist keine rein theoretische Frage.

Auf Schutz ist vor allem der aufs Überleben konditionierte Verstand bedacht. Er konzentriert sich darauf, den äußersten Schutzschild zu verstärken. Das entspricht in etwa der Vorstellung, dass wir durch die richtige Ernährung, Sport, Vorsicht, Rücksicht und Umsicht unser Leben verlängern können. Daran ist an sich nichts verkehrt. Doch wir sollten dabei auch fragen: Was genau schützen wir überhaupt? Uns selbst. Okay. Kennen wir die tieferen Schichten dieses Selbst? Und was können wir kontrollieren? Atmung, Gedanken, Verdauung, Gefühle …?

Versuchen wir einmal, das Modell der Seelenschichten von innen her zu verstehen. Was tun wir nicht alles, um unseren Körper zu erhalten! Er scheint uns das Wichtigste auf der Welt zu sein. Doch folgen wir obigem Modell, liegt seine Existenz doch ganz und gar in den Händen Gottes, repräsentiert durch die tieferen Schichten. Was bedeutet das? Es bedeutet: Wir kümmern uns weiterhin so gut wir können um unseren Körper, wissen aber, dass wir in all unserem Bemühen Ausführende einer höheren Kraft sind. Nicht unser Wille und unser Denken retten die Seele (Atman), sondern umgekehrt. Die Seele lässt uns wollen und denken.

Kommen wir jemals an sie heran? Das fragt der Verstand, von außen nach innen blinzelnd. Er kann dort nichts erkennen. Denn wir *sind* dieser Kern, Atman. So wenig wie ein Bach oder Fluss zu seiner Quelle zurückgelangen oder sie gar verändern kann, so wenig kann ich, dieses individuelle Bewusstsein, den eigenen Ursprung erkennen, kontrollieren, manipulieren oder schützen. In dieser Erkenntnis liegt eine unglaubliche Befreiung. Was immer ich unternehme, um einer Krankheit vorzubeugen oder entgegenzuwirken, ist bereits von einer höheren Intelligenz initiiert. Ich kann gar nicht verlieren. Denn ich bin die unsterbliche Seele, auch wenn ich sie nicht kenne. Darin liegt das Geheimnis von Vertrauen, Hingabe, Liebe. Gott oder Atman entscheidet letztlich über Krankheit und Gesundheit, Ende und Neubeginn einer physischen Hülle – im unendlichen Raum des Lebens.

Auch wenn wir uns niedergeschlagen, grauenhaft, am Ende fühlen: Im Innersten sind wir Ananda, Glückseligkeit. Wie ist das möglich? Weil diese Wonne das Leben ist und alle Erfahrungen ermöglicht. Sie lässt auch Angst, Schmerz und Leid zu. Das heißt: Alle Erfahrungen – auch die »negativen« – sind willkommen. Sie gehören zur großen Symphonie des Lebens. Ohne sie wäre das Glück möglicherweise schal und langweilig. Vielleicht sind sie das Salz in der Suppe?

Das Energiesystem der Seele: die Chakras

Im ersten Kapitel habe ich kurz die verschiedenen Kanäle (Srotamsi) im Körper erwähnt. Einer davon, Mano Vaha Srotas, ist ein fein verästeltes Kanalsystem, durch welches Informationen weitergeleitet werden, die das Bewusstsein betreffen. Wie jeder Kanal hat auch dieser eine Öffnung bzw. einen »Mund« (Mukha), eine Passage oder einen Verlauf (Marga) und eine Wurzel (Mula). Sein Mund sind die fünf Sinnesorgane und die Energie- bzw. Akupressurpunkte (Marmani). Der Kanal verläuft durch den ganzen Körper und seine Wurzel ist das Herz (das auch für kosmisches Bewusstsein steht).

Auf der materiellen Ebene werden über diesen Kanal Sinneseindrücke zum Herzen transportiert, wo sie unterschieden und als Erfahrung ausgewertet werden. Was die Sinne aufnehmen, ist gleichsam Nahrung für die individuelle Seele. Ohne diesen Informationsfluss gäbe es keine Erfahrung. All unsere Gefühle, Gedanken, Erinnerungen und Wünsche sind bedingt durch sinnliche Erfahrungen. Wer »reich an Erfahrung« ist, kennt sich aus in der Welt.

Wenn dieser Kanal des Geistes überhaupt mit einem biologisch-medizinischen System der westlichen Naturwissenschaft verglichen werden kann, dann am ehesten mit dem Nervensystem und dem Gehirn. Doch das betrifft nur eine Ebene. Auf einer tieferen und umfassenderen Ebene verbindet der Kanal das individuelle mit dem kosmischen Bewusstsein. Wie das funktioniert, zeigt das Modell der Chakras, der sieben Energiezentren, die wiederum mit den verschiedenen Seelenschichten (Koshas), aber auch verschiedenen Hormondrüsen verbunden sind. Das Modell der Chakras ist inzwischen sehr bekannt, weshalb ich hier nur kurz darauf eingehe.

Das *Wurzelchakra* (Muladhara) ist mit der grobstofflichsten Hülle (Annamayakosha) verbunden und dient dem Überleben des physischen Körpers und der Erdverbundenheit.

Das *Sexualchakra* (Svadhisthana) ist mit der feineren Hülle der Vitalkräfte (Pranamaya) verbunden und dient der Fortpflanzung.

Das *Nabelchakra* (Manipura) wird dem Manomayakosha, der Schicht der Gedanken und Emotionen zugeordnet. Hier geht es um Ziele, Macht und Kontrolle.

Das *Herzchakra* (Anahata) ist mit der Hülle der Erkenntnis (Jnanamayakosha) verbunden und repräsentiert eine Liebe, die über sexuelle Anziehungskraft und Selbstsucht hinausreicht. Ich erkenne mich als Teil einer höheren Ordnung und bin bereit, meine persönlichen Interessen dem Wohl des Ganzen unterzuordnen.

Das *Kehlkopfchakra* (Vishuddha) ist dem kommunikativen Aspekt der Erkenntnishülle zugeordnet, Vijnanamayakosha genannt. Wer von diesem Zentrum aus spricht oder singt, dessen Worte und Lieder kommen »von Herzen«, nicht aus Berechnung. Man kann einem solchen Menschen vertrauen.

Das *Stirnchakra* oder dritte Auge (Ajna) ist mit der feinsten Hülle, Anandamayakosha, verbunden. Hier verschmelzen die Gegensätze gleichsam zu Licht. Alles wird in vollkommener Klarheit wahrgenommen. Allerdings gibt es noch so etwas wie eine letzte, feine Trennung zwischen Objekt und Subjekt.

Das *Scheitelchakra* (Sahasrara) hat keine Hülle mehr. Hier hat sich das Ich völlig in das aufgelöst, was ist.

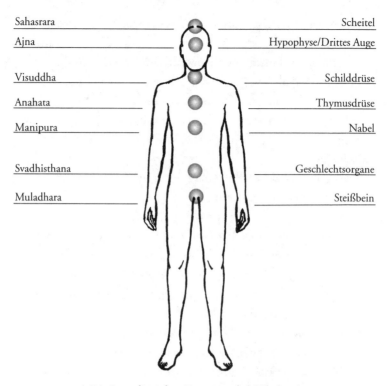

Sahasrara		Scheitel
Ajna		Hypophyse/Drittes Auge
Visuddha		Schilddrüse
Anahata		Thymusdrüse
Manipura		Nabel
Svadhisthana		Geschlechtsorgane
Muladhara		Steißbein

Die Lage der sieben Energiewirbel (Chakren)

Durch alle Chakras läuft ein zentraler Energiekanal, der uns mit dem kosmischen Bewusstsein verbindet. Im Grunde existiert alles, vom Stein bis zum Genie oder sogar höchster außerirdischer Intelligenz, falls es sie gibt, in diesem kosmischen Bewusstsein. Jede Zelle ist davon durchdrungen. Doch sich dieser Tatsache bewusst zu werden bedeutet eine Art Bewusstseinssprung. Er geschieht in der Mitte, im Herzchakra. Das hat etwas mit unserer Aufmerksamkeit zu tun. Wer sich nur auf sein körperliches Überleben, auf Sex und seine Machtposition konzentriert, der bleibt den drei unteren Chakras verhaftet. Wir haben sie mit allen Lebewesen gemein, die ums Überleben, um Fortpflanzung und das Recht des Stärkeren kämpfen. Dabei haben wir keinen blassen Schimmer, wer wir wirklich sind.

Der geistige Kanal, die Seelenschichten und die Chakras sind so etwas wie Messinstrumente unserer Aufmerksamkeit. Wofür wir uns am meisten interessieren, das zeigt in etwa den Grad unserer Bewusstheit an. An einem bestimmten Punkt laufen die Energiekanäle und Zentren gleichsam voll und es kommt zu einem qualitativen Umschwung. Wir werden uns unserer selbst bewusst. Das, was wahrnimmt und erlebt, gerät zunehmend in den Fokus der Aufmerksamkeit. Ab diesem Punkt beginnt sich die Identifikation mit diesem Körper und dieser persönlichen Geschichte zu lösen. Eine neue Welt tut sich auf, ein neuer Horizont. Wir ahnen, dass wir auf einer unendlichen Reise sind, schon immer waren und sein werden.

Westliche Auffassungen von der Seele

Kehren wir zurück zu den Psychologen und Psychotherapeuten unserer Zeit. Der Volksmund nennt sie auch Seelenklempner. Wieso? Ein Klempner repariert doch normalerweise Zu- und Abflussrohre am Waschbecken oder WC. Ist der Psychologe etwa dafür zuständig, dass unser innerer Müll ordentlich abfließt? Das trifft die Sache ganz gut. Wie jeder Mediziner greift der Psychologe bzw. Therapeut meist dann ein, wenn bereits eine Störung vorliegt und gewisse Symptome eine entsprechende Krankheit anzeigen. Interessant ist die – wohl eher unbewusste – Assoziation mit Rohren und Kanälen, die mit dem ayurvedischen Konzept der Srotamsi zum Teil übereinstimmt. Ein »Seelenklempner« kann die Kanäle reinigen, den Zufluss an heilender Energie wie auch den Abfluss schädlicher Stoffe (negative Emotionen) regulieren.

Psychologisch oder psychotherapeutisch werden unzählige Probleme behandelt. Von Aggression und Angst über Depression, Essstörungen, Hyperaktivität und Konzentrationsschwächen bis hin zu Selbstzerstörung (Suizidgefahr), Willensschwäche und Zwangsneurosen. Nicht selten entscheidet ein Psychologe darüber, ob ein Straftäter für seine Tat verantwortlich gemacht werden kann oder nicht. Oder ob jemand, der fünfzehn Jahre wegen eines Sexualmordes abgesessen hat, nun wieder aus der Haft entlassen wird.

Bei all den Diagnosen und Entscheidungen des Seelenexperten fragt niemand nach, ob er überhaupt wisse, was die Seele ist. Man geht stillschweigend davon aus, dass diese Frage gleichsam ins Leere stößt. Und das stimmt ja in gewisser Weise auch. Unser innerster Kern ist leer, reine Leere – nichts, Nirvana. Doch dieses Nichts besitzt eine ungeheure Energie. Nur wenige westliche Psychologen wissen um diese »Kernenergie«. Sie müssten sich dazu dem kühlen Feuer oder Licht des Gewahrseins aussetzen, in dem alle Zweifel und Ängste zum Vorschein kommen und durchleuchtet werden.

In der abendländischen Kulturgeschichte gab es viele ganz unterschiedliche Vorstellungen von der Seele. In der frühen griechischen Philosophie (um 600 v. Chr.) wurde sie mit dem Atem (Pneuma) in Verbindung gebracht. Unser Leben auf Erden beginnt mit dem ersten Einatmen als Neugeborenes und endet mit dem letzten Ausatmen beim Sterben. Ohne Atem kein Leben. Das ist auch im Ayurveda ein Grundprinzip. So entsprechen sich die Begriffe Pneuma und Prana, was das irdische Leben betrifft.

Der griechische Philosoph Plato (427–347 v. Chr.) entwickelte das Konzept der unsterblichen Seele, die viele individuelle Leben und Tode übersteht und sich dabei weiterentwickelt. Das entspricht dem Begriff des Atman in den Veden und im Ayurveda. Sein Schüler Aristoteles (384–322 v. Chr.) war stärker naturwissenschaftlich ausgerichtet und sah in der Seele das belebende Prinzip von Pflanzen, Tieren und Menschen. Auch sein Konzept stimmt mit dem Ayurveda überein. Plato widmete sich – aus ayurvedischer Perspektive – den höheren, Aristoteles den niederen Chakras. Ihre

Philosophien haben bis heute Spuren in unserer Vorstellung von der Seele hinterlassen, die allerdings durch nachfolgende Interpretationen, Philosophien und Dogmen verwischt und überlagert wurden.

Platos Idee der unsterblichen Seele wurde von der christlichen Lehre übernommen, sein Konzept der Seelenwanderung jedoch auf dem Konzil von Nizäa/Konstantinopel um 325 n. Chr. verworfen. Gemäß diesem Konzil ist die Seele zusammen mit unserem Körper einmalig erschaffen und wird nach unserem Tod auf ewig in der Hölle braten oder im Himmel mit den Engeln singen. Unendliche Qualen warten als Bestrafung, unendliche Freuden als Belohnung für unsere Taten auf Erden. Diese Vorstellung hat das Lebensgefühl der Menschen im Westen über 1500 Jahre bestimmt und dirigiert es – zumindest unbewusst – oft auch heute noch.

Aristoteles' Konzept der Seele wurde ebenfalls von kirchlichen Lehren aufgenommen und umgemünzt. Er maß den Lebewesen unterschiedliche Bewusstseinsgrade zu – ganz im Sinne der vedischen Philosophie ohne jede Bewertung. Ein Maßstab war für ihn zum Beispiel die Beweglichkeit. Ein Stein bewegt sich nicht, eine Pflanze wächst immerhin, verharrt aber am Ort, ein Tier bewegt sich auf der Suche nach Nahrung von Ort zu Ort, und der Mensch verfügt über eine geistige Beweglichkeit, die ihm sogar Zeitreisen erlaubt. Die Kirche machte daraus eine Trennung zwischen dem Menschen und allen anderen Wesen. Noch bis ins 20. Jahrhundert hinein sprach man Tieren, ja sogar menschlichen Säuglingen Gefühle und Empfindungen ab.

Was verstehen wir heute unter Seele? Sie hat jedenfalls mit Gefühlen zu tun. In etlichen Filmen bedrohen Roboter oder Außerirdische die Menschheit. Meist siegen die Menschen, weil sie eine Seele haben, die sich in Gefühlen, in Verletzlichkeit und aufopfernder Liebe zeigt und bewährt. Seelenlose Maschinen auf der einen, fühlende Menschen auf der anderen Seite. Fühlen ist hier das Stichwort, nicht so sehr das logische Denken, denn das können inzwischen auch Computer. Schwere Depressionen führen nicht selten dazu, dass die Betroffenen nichts mehr fühlen, sich selbst und ihre Lebendigkeit nicht mehr spüren können. Sie leiden unter einer trostlosen Leere. Manche glauben, sie hätten ihre Seele verloren.

Qualitäten wie Glaube, Hoffnung und Liebe, wie sie der Apostel Paulus im Neuen Testament beschreibt, gelten den meisten auch heute noch als Merkmale oder Beweise für die Existenz einer Seele, die wiederum mit Gott verbunden ist. Dem scheint allerdings die neuere Forschung der Neurologie und Molekularbiologie zu widersprechen. Alle Erlebnisse, vom dumpfsten Schmerz bis zur größten Ekstase und mystischen Erfahrungen, lassen sich anscheinend auf elektrochemische Vorgänge im Gehirn zurückführen. Nur ein Beispiel: Eine Epilepsiepatientin hatte jedes Mal, wenn eine bestimmte Region ihrer rechten Großhirnseite mit einer Elektrode, also einem leichten Stromstoß, stimuliert wurde, eine außerkörperliche Erfahrung. Sie fühlte sich leicht und sah von oben auf ihren Körper hinab. (5)

In vielen spirituellen Traditionen gilt ein solches Erlebnis geradezu als Musterbeispiel dafür, dass es ein Bewusstsein oder eine Seele unabhängig vom Körper gibt. Schließlich sprechen ja auch unzählige ähnliche Berichte von Menschen, deren Körper vorübergehend klinisch tot war, dafür, dass die Seele den Körper überlebt. Doch wenn nun ausgerechnet eine solche Erfahrung wiederholt durch eine Gehirnreizung ausgelöst werden kann, dann ist womöglich die ganze Sache mit der unsterblichen Seele reine Einbildung – ein Nebenprodukt des Gehirns?

Die Gehirnforschung legt in der Tat nahe, dass die Vorstellungen von einem Ich, einer Persönlichkeit und einem Selbst vom Gehirn produziert werden. Wozu? Sie dienen dem Überleben, dem besseren Funktionieren in der Gemeinschaft. Die Forschungsergebnisse werden über die Medien verbreitet und regen viele Menschen zum Nachdenken und Zweifeln an. Gibt es mich wirklich? Bin ich nur ein Gehirn mit Körper, eine Art Roboter? Was kann ich selbst entscheiden? Wozu lebe ich?

Diese Fragen sind richtig und gut. Die Erkenntnisse der Gehirnforschung sind für östliche Philosophien wie Advaita Vedanta oder Buddhismus nichts Neues. Sie bestätigen nur auf der Ebene der Erfahrung, der flüchtigen Erscheinungen und des Verstandes, was sie schon immer gesagt haben: Das Ich (Ego) ist eine Illusion. Alle Erfahrungen, auch die »außerkörperlichen«, sind der Zeit unterworfen. Sie gehen vorbei. Deshalb kann es gut sein, dass sie durch das Gehirn ausgelöst werden. Doch vom Zentrum des Bewusstseins her gesehen sind außerkörperliche Erfahrung, ja auch Engels- und Gottesoffenbarungen, letztlich nur Vorstellungen, genau wie das Gehirn. Der Forscher sieht ein Gehirn, betrachtet Teile daraus unter dem Mikroskop, zieht Schlussfolgerungen. Alles vorübergehende Erfahrungen. Aber wer oder was ermöglicht dies alles? Etwas, das sich nicht objektivieren, auch nicht unter dem Elektronenmikroskop betrachten lässt. Ich selbst, das, was alles wahrnimmt.

Doch dieses Ich hat nichts mit meiner Persönlichkeit, meinen Vorlieben und Abneigungen zu tun. Es ist reines Gewahrsein. Niemand, nichts, kein Selbst, wie Buddha sagt. Und noch einmal: Keine von außen aufgenommene Information, sei sie für den Verstand auch noch so schlüssig, könnte das Gewahrsein zweifeln lassen, ob es womöglich durch das Gehirn bedingt sei. Es ist genau dieser Sprung von der Ebene des Verstandes in etwas Neues, gänzlich Unbekanntes, der die wahre Seele offenbart.

Kehren wir noch einmal zu dem Beispiel der außerkörperlichen Erfahrung zurück. Wer seinen Körper von außen sieht, weiß in dem Moment, dass er nicht der Körper ist. Dieses Wissen wird sich auch nicht ändern, wenn der Neurologe später sagt, er habe das alles mit seinen Elektroden ausgelöst. Was scheren mich die Erläuterungen eines Wissenschaftlers, der mir zudem als Mensch nicht nahe steht, wenn ich gerade diese überwältigende Erfahrung gemacht habe?

Ich weiß etwas, das über die Ebene der Verstandesinformation hinausgeht bzw. tiefer reicht. Hier, bei dieser inneren Gewissheit, beginnt das Reich der Seele.

3 PSYCHOSOMATIK: DIE VERBINDUNG VON KÖRPER UND SEELE

Körperliche und seelische Empfindungen

Viele gesundheitliche Probleme wie Herz-Kreislauf-Probleme, chronische Schmerzen, Magen-Darm-Beschwerden oder Allergien werden heute von Medizinern weltweit als psychosomatisch eingestuft, zumindest, wenn sich keine konkreten organischen bzw. bakteriellen und virologischen Ursachen finden lassen. Der Begriff »Psychosomatik« kommt aus dem Altgriechischen: Psyche = Seele und Soma = Körper. Im Sanskrit und in der Ayurveda-Philosophie hat Soma übrigens die Bedeutung von Essenz, und zwar auf den Körper bezogen. Hier gibt es also eine Verbindung. Sanskrit gilt ja auch als Wurzel der indogermanischen Sprachen. Der kaum 100 Jahre alte medizinische Zweig der Psychosomatik befasst sich jedenfalls mit den Wechselwirkungen von Körper und Seele.

Will man die Beziehung zwischen Körper und Seele untersuchen, sollte man wohl zunächst in der Lage sein, diese beiden Bereiche zu unterscheiden. Das kann eigentlich jedes Kind. Eine Schürfwunde am Knie tut anders weh, als wenn die beste Freundin sagt: »Du bist doof. Ich will nicht mehr mit dir spielen!« Diese Andersartigkeit der Schmerzempfindung ist seit eh und je ein wichtiger Maßstab für die allgemeine Unterscheidung zwischen Körper und Seele. Der körperliche Schmerz lässt sich lokalisieren, der seelische nicht. Beide Arten von Schmerz heilen meist von selbst, doch auf unterschiedliche Art und Weise. Der Körper bildet neues Plasma und neue Haut, ohne dass ich daran denken muss. Der seelische Schmerz erregt die Gedanken und Gefühle viel stärker – auch bei einem Kind. »Kann, soll ich mich rächen oder verzeihen?«

Hier handelt es sich offensichtlich um ganz unterschiedliche Ebenen. Jeder kann den Unterschied nachvollziehen und verstehen. Dennoch hat die östliche Philosophie einen anderen Weg eingeschlagen als die westliche, die Trennungslinie verläuft hier anders. Der Verstand (Manas), der das individuelle Ich schützen will und zum Beispiel eine persönliche Beleidigung registriert und Gegenmaßnahmen einleitet, gehört in der indischen Philosophie zum Körper. Warum? Weil sich die Seele mit dem Körper und der Person identifiziert. In der westlichen Philosophie und Psychologie gehört der Verstand zum Bereich der Seele. Damit ergibt sich eine ganz andere Perspektive. Das wird deutlich, wenn wir uns die Verbindung und die Wechselwirkung von Körper und Seele anschauen.

Die körperliche Verletzung tut meist mehr weh und heilt schlechter, wenn die seelische direkt daran gekoppelt ist. Wenn also zum Beispiel die Freundin einen geschubst hat mit den Worten »Du bist doof!« und es ist danach zur Schürfwunde gekommen, dann kann das weit reichende Folgen haben, spätere Ängste vor Konfrontationen, vor Berührungen, vor dem Hinfallen oder sogar Allergien. Was immer bei diesem Vorfall in der Kindheit den Sinnen an Informationen zugetragen wurde, kann sich noch viele Jahre später als eine Art »negative Konstellation« in körperlichen Abwehrreaktionen äußern. Umgekehrt wird der kleine körperliche Unfall, wenn er von psychologisch günstigen Umständen umrahmt ist (Trost, Anerkennung), schnell verwunden sein.

Dualismus, Emotionen und Therapie

Dies sind einfache Beobachtungen, für die lediglich der gesunde Menschenverstand vonnöten ist. Körperliche und seelische Verletzungen werden als verschiedenartig wahrgenommen, doch sie rutschen später oft unbewusst zusammen. Diese Zusammenhänge sind in der westlichen Medizin erst seit Anfang des 20. Jahrhunderts wieder erkannt und in die Therapie einbezogen worden. In den zwei Jahrhunderten davor herrschte die Auffassung – und sie wirkt bis heute in unseren Köpfen und denen vieler Ärzte –, dass Geist/Bewusstsein und Körper/Materie zwei Substanzen oder Prinzipien seien, die sich gegenseitig geradezu ausschließen. Der Philosoph und Mathematiker René Descartes (1596–1650), führender Vertreter des Rationalismus in Europa, definierte den Körper als teilbar, ausgedehnt und messbar, den Geist als unteilbar, nicht ausgedehnt und nicht messbar. Von da an stürzten sich die expandierenden Naturwissenschaften auf alles, was zerkleinert und gemessen werden konnte.

Ganz rational versuchte man alle körperlichen Beschwerden auf Ursachen im Körper zurückzuführen und mit entsprechenden physischen Mitteln zu kurieren. Das gilt für die Schulmedizin im Prinzip auch heute noch. Lässt sich für ein Problem keine organische Ursache finden, hat das oft Ratlosigkeit und Enttäuschung zur Folge. Es gibt etliche Fälle, in denen ein Patient unzählige verschiedene Ärzte konsultierte und sich dabei zunehmend missverstanden, nicht ernst genommen fühlte und immer verzweifelter, ja zum Sonderling wurde.

Bei psychosomatischen Erkrankungen spielen Emotionen wie Angst eine zentrale Rolle, doch gerade darüber will der Patient oft nicht sprechen. Er sagt zum Beispiel: »Diesen Durchfall habe ich nun schon seit Monaten und kein Arzt konnte mir bisher helfen. Dabei ist es doch etwas rein Körperliches.« Fragt man ihn, wie er sich fühlt und was ihn belastet, kommt er immer wieder auf die körperlichen Symptome und Empfindungen zurück. Emotionen kann er nicht zur Sprache bringen. Westliche Mediziner nennen das »emotionales Analphabetentum« oder »Pinocchio-Syndrom«.

Das ist nicht verurteilend gemeint, auch wenn es ziemlich hart klingt. Es ist wohl eher eine Art Ausrufezeichen: Achtung, dieser Patient braucht besondere Aufmerksamkeit und Verständnis. Der

Arzt ist als Mensch gefordert. Er sollte dem Patienten nicht einfach nur Ratschläge erteilen, sondern sich im behutsamen Gespräch in ihn einfühlen.

Oft ist der Hausarzt die erste und wichtigste Anlaufstelle und Vertrauensperson. Im Fall einer psychosomatischen Erkrankung muss er meist die Rolle des Psychotherapeuten übernehmen. Denn eine Überweisung an einen Psychotherapeuten ist für die meisten Patienten mit psychosomatischen Beschwerden wie eine Beleidigung oder Niederlage. »Der glaubt also, ich bilde mir das alles nur ein!«

Psychotherapie war bereits im antiken Griechenland bekannt. Da gab es die Aufführung von Tragödien, die der Reinigung (Katharsis) der Seele dienen sollten. Da gab es auch »Sigmund-Freud-Vorläufer« wie Antiphon von Athen (480–411 v. Chr.). Der ließ den Kranken zuerst von seinem Leiden sprechen und half ihm dann mit einer Form von Rhetorik, die sich die Äußerungen des Kranken nutzbar machte und so in ganz modernem Sinne im Dienste der Umdeutung dessen stand, was der Kranke für »wirklich« oder »wahr« hielt – also der Änderung des Weltbildes, an dem er litt. Antiphon brachte an seinem Haus ein Schild an, auf dem sinngemäß stand: »Ich kann Kranke durch Worte heilen.« (6)

Die spirituelle Dimension: Das Symbol des Kreuzes

Keine Erfahrung und keine Krankheit sind möglich ohne Brahman, Purusha, Atman, reines Bewusstsein, das wir als Seele bezeichnen können. Diese Seele gehorcht nicht unserem Verstand oder unseren Wünschen. Sie steht darüber. Können wir gar nichts tun? Doch. Tatsächlich werden wir alles unternehmen, um unser Leben auf Erden so glücklich und heilsam wie möglich zu gestalten. Allerdings sollten wir dabei erkennen, dass alle Kräfte dazu eben aus einer höheren Quelle kommen, die wir mit unserem Verstand und unserem Willen nicht kontrollieren können. Wir müssen uns immer wieder darauf besinnen, dass unser Leben, ja selbst jeder einzelne Gedanke und jeder Atemzug, nicht unserem eigenen Willen unterliegt. Dankbar sollten wir jede Einsicht, jede Inspiration annehmen, die uns zum Beispiel zu einem guten Heiler oder zu einer erfolgreichen Heilkur führt. Doch wie die meisten großen Heiler selbst sagen: Sie sind Werkzeuge Gottes. Und wir sind das auch, in jedem Moment unseres Lebens. Diese innere Einstellung der Hingabe an ein höheres Prinzip ist bereits der wichtigste Schlüssel zur Heilung, speziell der psychosomatischer Krankheiten.

Wer sich an sein Überleben klammert, kann zwar anscheinend beachtliche Energien mobilisieren. Im Erfolgsfall wird das als Sieg des Geistes und des Glaubens über den Körper gefeiert. Ein bekanntes aktuelles Beispiel ist der Filmemacher und Buchautor Clemens Kuby. (7) Er will kraft seines inneren Gespürs und seiner Überzeugung die Heilung seiner Querschnittslähmung bewirkt haben. Seine Mut machende Botschaft ist richtig und wichtig: Nicht aufgeben! Ja, es ist möglich, kraft des Überlebenswillens und des Glaubens den Körper etliche Monate, Jahre oder gar Jahrzehnte länger leben zu lassen.

Doch noch einmal: Wo kommen die Überlebenskräfte her? Kommen sie wirklich aus der Glaubenskraft einer Person? Sollte es etwa an besonderen Qualitäten dieses Menschen liegen? Was ist dann mit all den anderen, die ebenfalls all ihre Glaubenskraft aufgewendet haben, um zum Beispiel ihren Krebs zu besiegen, und dann doch ihrer Krankheit erlagen? Jedes Lebewesen versucht gemäß den ihm mitgegebenen Fähigkeiten, »sein« Leben so gut und so lange wie möglich zu schützen und zu erhalten. Aber wer hat dieses Überlebensprogramm »erfunden«? Doch wohl kaum irgendein Mensch! Wir alle leben dieses Programm nur aus, mehr oder weniger bewusst. Und wir wissen im Grunde, so sehr wir auch um jeden Moment des Weiterlebens bangen: Dieser Körper und diese Person müssen und werden in einer absehbaren Zeitspanne von sagen wir 30 bis 100 Jahren sterben.

Das ist eines der großen Rätsel, einer der Widersprüche unseres Lebens. Einerseits dieser Überlebensdrang mit all den Anstrengungen, dem Planen und Sorgen, andererseits das Wissen: Dieses »mein« Leben wird eines Tages, an einem Tag wie heute, enden. Warum nicht gleich aufgeben? Es geht nicht. Die Kraft der Gegenwart ist stärker. Wir leben jetzt, in diesem Moment. Die Vorstellung von unserem Tod basiert auf einer Konstruktion des Verstandes (die wiederum nur in diesem Moment auftaucht und dann wieder verschwindet). Der Verstand baut eine lineare Zeitlinie auf. Das Geburtsdatum steht am Anfang. Die Linie hat eine Pfeilspitze, die in die Zukunft zeigt. Sie mag in unserem Fall bereits die Marke 40, 50 oder 60 Jahre überschritten haben. Wie viele Jahre bleiben uns noch? Wir können dann noch bestimmte Informationen hinzufügen. Raucher seit dem 20. Lebensjahr, wahrscheinliche Lebenserwartung nicht höher als 75 usw.

Genau diese Vorstellung hält uns in einem absurden Zeitkäfig gefangen und macht uns eher krank und unglücklich als gesund. Der physische Tod wird geschehen, so sicher wie die physische Geburt geschehen ist. Darüber brauchen wir uns keine Illusionen zu machen. Doch das Leben ist immer jetzt. Das ist sein Wesen, seine Natur. Und je mehr wir uns auf diese Gegenwärtigkeit einlassen, desto blasser und unwirklicher erscheint die vom Verstand konstruierte Zeitlinie.

Für uns Ayurveda-Ärzte in Sri Lanka repräsentiert Buddha den wahren Arzt und Heiler. Er ist unser Vorbild. Unzählige alte Texte berichten, wie der Buddha auf jeden Ratsuchenden ganz unterschiedlich eingegangen ist, je nach seinem Verstehenshorizont. Nie hat er Hoffnung darauf gemacht, dass sich durch eine Verlängerung dieses körperlichen Daseins irgendetwas grundsätzlich verändern ließe. Immer ging es ihm darum, die Wahrheit des Lebens jetzt, in diesem Moment zu erfassen. Die Wahrheit ist: Das Leben geht weiter, auch ohne mich. Ich bin nur ein winzig kleiner Teil davon. Und im Grunde ist dieses Ich eher ein Störfaktor. Die wahre Lebendigkeit offenbart sich, wenn *ich* nicht mehr im Weg bin. Das ist nicht nur die Essenz des Buddhismus, sondern der gesamten indischen, vedischen Philosophie.

Die anerzogene Vorstellung, ein eigenständiges Individuum zu sein, ist immer auch gekoppelt an die Vorstellung einer linearen Zeitlinie. Vor einer Woche habe ich dies und das getan, am nächsten Wochenende treffe ich mich mit dem und dem. Ich verstehe mich als eine Konstante in Raum und Zeit. Ich behaupte mich in der Welt, nehme Herausforderungen an, kämpfe gegen Widerstände. Doch habe ich jemals das Gefühl, im Sein zu Hause zu sein?

Der Schlüssel zur entspannenden und freudigen Gewissheit, dass ich wirklich im Leben aufgehoben bin, liegt in diesem Augenblick, der stets zu vergehen scheint und doch zugleich immer da ist. Man kann das auch die »vertikale Dimension« des Lebens nennen.

Sicher kennen Sie das Koordinatenkreuz. Im Mittelpunkt steht die Null. Die horizontale Linie gibt meist die Zeit an, die vertikale bestimmte Werte wie Geldeinnahmen usw. In der Regel wird das obere rechte Viertel des Koordinatenkreuzes verwendet, um bestimmte Entwicklungen in der Zeit anzuzeigen, zum Beispiel die Gewinne und Verluste einer Firma.

So ein Schema existiert auch in uns selbst über unser Leben. Probieren Sie es einmal: Zeichnen Sie ein Kreuz auf ein Blatt Papier. Markieren Sie auf der rechten waagerechten Linie ihre Lebensjahre, 10, 20, 30 … und auf der nach oben zeigenden Linie Grade des Erfolges, der Gesundheit oder des Glücks. So erstellen Sie eine Bilanz Ihres eigenen Lebens, nach eigener Einschätzung und nach dem heute üblichen Modell. Fühlten Sie sich als Kind überwiegend lebendig und glücklich, in der Pubertät dagegen besonders oft niedergeschlagen, danach, etwa zwischen 18 und 25, optimistisch und frei, so zeigt sich das an einer Kurve, die über die ersten zehn Jahre ansteigt, dann abfällt und wieder ansteigt. Sie können so den Verlauf Ihres Lebens bis heute nachzeichnen und darüber hinaus spekulieren. So sieht es der Verstand. Und das ist einerseits recht aufschlussreich, was unsere Selbsteinschätzung angeht, andererseits aber auch völlig irreführend. Glauben wir diesem Bild, dieser Kurve, schließen wir uns selbst im Zeitgefängnis ein. Wir begraben uns, bevor wir gestorben sind.

In einem spirituellen Sinn kann das Koordinatenkreuz auch mit dem Kreuz verglichen werden, an dem Jesus gestorben ist. Seine ausgestreckten Arme symbolisieren den Aspekt der Handlung und der Zeit, Rumpf und Beine repräsentieren die vertikale Ebene des Seins. Doch Arme und Füße sind festgenagelt. Jesus am Kreuz ist ein Symbol für die völlige Hilflosigkeit des Menschen. Aus eigener Kraft kann er sich nicht befreien. Er kontrolliert sein Leben nicht. Er ist wie die Welle auf der Oberfläche des Meeres.

In einer aussichtslosen Situation kann uns diese Erkenntnis befreiend überfluten: Ich kann nichts mehr tun – doch das ist auch nicht nötig. Ich werde von einer unendlich größeren Kraft getragen, über dieses körperliche Dasein, über den Tod hinaus. Man könnte auch sagen: Das Bewusstsein ist auf die Null im Zentrum des Kreuzes ausgerichtet. Alles entsteht aus diesem unbegreiflichen Nichts und verschwindet wieder darin.

Dieser »Nullpunkt« ist in jedem von uns. Er ist das, was immer gleich bleibt, was uns als Baby hat schreien hören, uns als Teenager in unseren Verliebtheitsdramen still und unbemerkt begleitete, alle Wünsche und Sorgen in unserem bisherigen Leben ohne Kommentar wahrgenommen hat. Wir *sind* in Wahrheit dieser unveränderliche Nullpunkt. Wir ahnen ihn und können ihn doch nicht festmachen, irgendwie markieren oder greifen. Gerade in den Momenten größter Verzweiflung ist der Nullpunkt – Buddha nannte ihn Nirvana – so dicht und präsent. Und doch schrecken wir zurück. Bewegung, Aktion, irgendetwas tun, fühlen, nur raus aus dieser scheinbaren Starre, dieser Hilflosigkeit, diesem »wie ans Kreuz genagelt sein«.

Die Grenzen zwischen Lethargie bzw. Resignation und Hingabe scheinen manchmal fein oder verschwommen – zumindest nach außen hin. Von innen her ist der Unterschied ganz klar. Bei der Hingabe weiß ich, was geschieht und dass alles richtig ist, so wie es geschieht. Lethargie dagegen ist ein Versuch der Selbstbetäubung. Ich weiß nicht, was los ist, will es auch nicht wissen, sondern nur aus der Situation aussteigen. Zum Handeln fehlt mir die Energie, also falle ich in eine Art künstliche Abwesenheit. Ich bin nicht mehr da, und nichts betrifft mich mehr.

Psychosomatische Erkrankungen haben mit dieser Lethargie zu tun. Je mehr ich mich durch meinen Verstand vom Leben abschotte, desto mehr leidet die Seele. Denn sie ist darauf ausgerichtet, zu kommunizieren, zu nehmen und zu empfangen, in ständigem lebendigen Austausch zu sein.

Psychosomatik im Ayurveda

Laut Ayurveda ist jede Krankheit seelisch bedingt und damit psychosomatisch. Denn die kausale Kette verläuft ja vom höchsten, rein geistigen Prinzip hin zum Grobstofflichen. Atman, die reine Seele, steigt gleichsam aus der Ebene zeitloser Glückseligkeit (Sat, Chit, Anand) herab in einen Körper, identifiziert sich mit dieser Begrenzung, und damit beginnen die Erfahrungen, das Begehren und Leiden. In diesem Sinne ist alles, was uns widerfährt, »psychosomatisch«. Und der Hauptschlüssel, der uns von diesem Leiden erlöst, ist die Erkenntnis, dass wir nicht der Körper sind.

Doch natürlich rate ich als Ayurveda-Arzt jemandem, der an Durchfall oder Migräne leidet, nicht als Erstes: »Erkennen Sie einfach, dass Sie nicht der Körper sind, und das Problem ist erledigt!« Die spirituelle Ebene würde ich nur in ganz besonderen Fällen und sehr behutsam ansprechen – etwa bei einem Patienten, dem gesagt wurde, dass er nur noch wenige Wochen oder Monate zu leben hat.

Zu erkennen, dass wir nicht der Körper sind, ist zwar das Rezept aller indischen Philosophie inklusive der praktischen Methoden von Yoga und Meditation. Doch wie viele der Meditierenden erfahren tatsächlich nachhaltig die Freiheit des Bewusstseins? Die Grauzone von Einbildung, Wunsch und intellektuellem Verstehen ist beträchtlich. Die wirklich befreiende Erkenntnis kommt als unerwartetes Geschenk. Der Verstand kann sie nicht erzeugen.

So ist es völlig verständlich und richtig, dass wir auf der relativen Ebene, auf der wir uns eben mit unserem Körper identifizieren, Hilfe anbieten, die auch auf dieser Ebene verstanden und praktiziert werden kann – und die hier funktioniert. Erstens hat Buddha selbst das getan, und zweitens dürfte es wohl recht wenige Ayurveda-Ärzte geben, die über die Identifikation mit dem Körper erhaben sind, also als Erleuchtete zu ihren Patienten sprechen. Und auf dieser relativen Ebene stimmen wir heutigen Ayurveda-Ärzte mit der westlichen »psychosomatischen Medizin« weitgehend überein. Wir erkennen schnell, ob ein Durchfall durch einen Virus, falsche Ernährung, Stress oder bestimmte seelische Verletzungen bedingt ist. Dazu ist ja die Anamnese da, die über den Puls und die ausführlichen Fragen über das Leben des Patienten Auskunft gibt (siehe auch Kapitel 1).

Charaka sagt: »Es gibt drei Therapieformen: rational, spirituell und psychisch. Die spirituelle Behandlungsweise beinhaltet die Rezitation von Mantras, das Tragen von Wurzeln und Edelsteinen, das Tun guter Taten, das Befolgen religiöser Vorschriften, Buße, Fasten, das Bitten um Segnung, Hingabe an Gott, Wallfahrten, Opfergaben und so weiter. Die rationale Behandlungsweise beruht auf der zweckmäßigen Verabreichung von Diät und Medizin. Die psychische Behandlungsweise ist die Fernhaltung des Geistes von unheilsamen Objekten.« (8)

Ein Ayurveda-Arzt muss immer alle drei Möglichkeiten der Behandlung berücksichtigen und entscheiden, welche der Therapieformen jeweils angebracht ist. Bei Herzproblemen, die mit Stress zusammenhängen, können alle drei Arten der Therapie wirksam sein. Auf der »rationalen Ebene« helfen eine ausgewogene Ernährung, Kräutertees und Reinigungskuren. Auf der »spirituellen Ebene« mag ein Urlaub im Kloster helfen. Abgeschiedenheit, Stille, ein geregelter Tagesablauf, gemeinsames Singen und Beten. Ein Antistressangebot, das heute oft in Magazinen angepriesen und von vielen (gestressten Managern) wahrgenommen wird.

Auf der »psychologischen« Ebene empfiehlt Charaka, sich von »unheilsamen Objekten« fernzuhalten. Das erscheint – aus dem Gesamttext herausgelöst – recht vage und allgemein. Damit können gemeint sein: ein ungesunder Arbeitsplatz mit viel Stress, Lärm oder Mobbing; Drogen wie Alkohol, Nikotin oder Psychopharmaka; falsche Freunde; vor allem aber – gerade im buddhistischen Kontext – die Geistesgifte Begierde, Hass und Unwissenheit. Diese werden weiter differenziert, etwa in stärker auf den Körper bezogene wie Töten, Stehlen und Vergewaltigung und stärker auf den Geist bezogene wie Lügen, schlecht über andere reden usw.

Die buddhistische Psychologie ist sehr vielschichtig und bietet viele Anregungen für die westliche Psychosomatik. Sehr vereinfacht ausgedrückt kann rechtes Handeln, Reden und Denken eine überaus wirksame Medizin sein.

Ein weiterer wichtiger Aspekt ayurvedischer Medizin, der mit psychosomatischen Beschwerden zu tun hat, betrifft die Unterscheidung zwischen natürlichen Bedürfnissen, die man zulassen sollte, und anderen, die zu den Geistesgiften zählen und denen man mit Aufmerksamkeit und Bewusstheit entgegentreten sollte.

Zu den natürlichen Bedürfnissen zählt Charaka Gähnen, Weinen, Schwitzen, Sich-Übergeben, Furzen, Urin- und Kot-Ausscheiden, Menstruation, Samenerguss. Einiges davon kann in unserem Leben durch moralische Verurteilung unterdrückt werden und so zu psychosomatischen Beschwerden führen. Andere Triebe wie Neid, Wut und Begierde sollte jeder so gut wie möglich zurückhalten. Dies geschieht am besten durch Achtsamkeit, nicht durch Verurteilung und Verdrängung.

Zweifellos spielt das Unbewusste eine wichtige Rolle bei allen psychosomatischen Problemen. Ayurveda hat das, was Freud in seinem Bild vom Eisberg zum Ausdruck brachte, bereits vor 2500 Jahren erfasst und ist sogar noch weiter gegangen. Zum Unbewussten gehören nämlich auch vergangene Leben. Im Westen sind in den vergangenen zwei bis drei Jahrzehnten therapeutische Richtungen entstanden, die das Thema Reinkarnation einbeziehen. Das ist natürlich im Rahmen westlicher Naturwissenschaft sehr umstritten. Nicht so in der östlichen Tradition. Ayurveda ist die Wissenschaft vom Leben, von einem Leben, das über das zeitlich begrenzte körperliche Dasein einer Person weit hinausreicht. Auf einer tieferen Ebene ergeben sich Zusammenhänge zwischen dem jetzigen und früheren Leben.

Manch ein chronisches Leiden wie Rückenschmerzen, Asthma oder Höhenangst kann nach vielen erfolglosen Arztbesuchen erst nach therapeutischen Rückführungen in ein vergangenes Leben aufgelöst werden. Der Patient wird dabei durch eine Art Hypnose in eine Zeit vor seiner Geburt zurückgeführt und schildert dann seine Erlebnisse. Er kann dabei den Tod eines Ertrinkenden durchleben. Und dieses bewusste Durchleben mag dazu führen, dass er sein Asthma oder seine Angst vor dem Wasser loswird. Es ist nicht wichtig, ob dieses frühere Leben geschichtlich nachweisbar ist. Wichtig ist das, was im Bewusstsein auftaucht und dass es durch den Strahl der Bewusstheit gleichsam gebannt und verbrannt wird. Nicht jeder Ayurveda-Arzt mag sich heutzutage mit diesem Bereich auskennen, doch er gehört ursprünglich zur ayurvedischen Heilkunde.

Ein anderer wichtiger psychosomatischer Aspekt hat mit der Familie und dem sozialen Umfeld zu tun. In der Zeit, als Ayurveda entwickelt wurde, war die Familie der soziale Halt des Einzelnen. In Indien und Sri Lanka ist das bis heute so. Was die Eltern und Großeltern sagen, ist Gesetz. Wer sich dagegen auflehnt, setzt nicht nur seine Sicherheit in der Familie, sondern auch in der Gesellschaft aufs Spiel. Wir können dieses Konzept kritisieren, wir dürfen es hinterfragen. Doch Tatsache ist: Es hat sich tief in unser Unbewusstes eingebrannt.

Kaum eine neuere psychologische Strömung hat das so sehr ins Bewusstsein gebracht wie das Familienstellen von Bert Hellinger. Sie geht davon aus, dass es ursprüngliche, archaische Strukturen in der menschlichen Familie gibt, die in unserem Bewusstsein wirken. Werden diese Strukturen verletzt, kann das unser Leben empfindlich stören und unsere Gesundheit beeinträchtigen. Der enorme Erfolg von Familienaufstellungen in den letzten zehn Jahren spricht für sich und – wenn auch in diesem Zusammenhang kaum bekannt – für die über 2500 Jahre alten Erkenntnisse des Ayurveda.

Wir sollten anerkennen, dass die über Millionen von Jahren entstandenen Familien- und Stammesstrukturen immer noch in unserem Unbewussten wirken. Es gibt genug dokumentierte Fälle, wo eine als psychosomatisch diagnostizierte Krankheit wie Magersucht dadurch geheilt wurde, dass der oder die Betroffene in einer Familienaufstellung den Vater oder die Mutter endlich einmal seelisch erreichen konnte.

Ayurveda und westliche Medizin

In der Psychosomatik können sich Ayurveda und westliche Medizin besonders gut gegenseitig befruchten. Die traditionell sehr ausführliche und psychologisch-ganzheitlich orientierte Anamnese im Ayurveda hat bereits etliche Ärzte zu einer ähnlichen Art des diagnostischen Gesprächs angeregt. Sie nehmen sich mehr Zeit für ihre Patienten, auch wenn das im deutschen Gesundheitssystem weniger Geld bedeutet und für den Arzt finanziell unrentabel ist. Für die Gesamtwirtschaft zahlt es sich jedoch aus.

Häufig übernehmen Patienten nach einer Behandlung im Geiste des Ayurveda, das heißt nach einem informativen, offenen und herzlichen Gespräch mit dem Arzt, viel mehr Verantwortung für ihre Gesundheit. Sie beginnen tatsächlich, ihre Ernährung umzustellen, sich mehr zu bewegen, schädliche Gewohnheiten zu durchbrechen. Das ist keinesfalls selbstverständlich. Jeder weiß, wie schwer es normalerweise fällt, etwas an unseren Gewohnheiten und unserem Verhalten zu verändern.

Ayurveda wurde, wie wir wissen, nicht entwickelt, um eine Kostenexplosion im Gesundheitssystem zu verhindern. Doch heute könnte es diesen Effekt haben. Das ist es allerdings nicht, worum sich der Patient sorgt. Ihm geht es ja um sein Leben und sein Wohlbefinden. Entscheidet er sich, gesünder zu leben und in Eigenregie vorzusorgen, profitiert er zuallererst selbst davon. Nebenbei erspart er dem Staat bzw. den anderen Versicherten bares Geld. Millionen von Euro könnten so gespart werden.

Ayurveda liefert der westlichen Medizin ein positives Lebensmodell – theoretisch und praktisch. Die ursprüngliche Motivation, sich möglichst lange gesund zu erhalten, ist im Ayurveda spirituell begründet: Unser Leben hat nur einen Sinn und ein Ziel, nämlich die Einheit mit dem Leben und dem Ganzen. Doch der Weg dorthin führt paradoxerweise nicht über die Zeit – ich muss nicht 100 Jahre alt werden, um den wahren Sinn des Lebens zu erkennen. Der Weg ist eigentlich gar kein Weg. Er beginnt hier und endet jetzt. Eine einzige ayurvedische Massage kann jedem die vertikale Dimension der Lebendigkeit hier und jetzt eröffnen. Der Vorhang der Zeit, des Ziele-Erreichens, wird für einen Moment zur Seite geschoben. Glückseligkeit und Freude am Leben sind jetzt, in diesem Moment. Ein solches Erlebnis gibt uns, ob wir nun krank sind und unter psychosomatischen Beschwerden leiden oder nicht, eine völlig neue Perspektive. Dies ist das geistige oder philosophische Geschenk des Ayurveda an den Westen. Und jeder kann es für sich nutzen.

Das zweite Geschenk ist das ayurvedische Wissen um die Ernährung und die Kräuter. Die westliche Medizin kennt die biochemischen Zusammenhänge. Sie weiß, worauf Diabetiker bei der Ernährung achten müssen. Und Vitamine, Obst und Gemüse helfen bei Erkältungen, klar. Doch könnte ein westlicher Arzt auch einen Ernährungsplan aufstellen, der zum Beispiel Angst vertreibt? Oder Konzentrationsschwäche? Oder Kurzsichtigkeit? Oder den Blutdruck senkt?

Ernährung ist das A und O im Ayurveda und entsprechend differenziert sind die Heilmittel, gerade was psychosomatische Beschwerden betrifft. Die Umstellung der Ernährung ist für viele nicht so leicht und braucht die richtige Motivation. Manchmal genügt schon ein Kräutertee oder eine ayurvedische Mahlzeit, um das Gefühl von Harmonie zu erzeugen. Doch meist dauert der Weg über die Ernährung einige Tage oder gar Wochen.

Das dritte Geschenk ist die Anregung zum Yoga. Erste Yogaschulen entstanden in Deutschland zwar schon vor hundert Jahren, angeleitet von indischen Swamis. Doch erst in Verbindung mit Ayurveda wurde seit den 80er Jahren der gesundheitliche Aspekt deutlich. Yoga wurde schon früh in die Ayurveda-Tradition aufgenommen und wurde damit vermutlich in den asiatischen Ländern schon vor 2000 Jahren populär. Es geht in diesem Zusammenhang vor allem um die körperliche Bewegung. Heute empfehlen alle Ärzte, sich wenigstens dreimal pro Woche eine halbe Stunde sportlich zu betätigen. Jogging, Radfahren, Tanzen. Der Körper braucht einfach Bewegung, um nicht innerlich zu verfaulen. Doch Yoga bietet noch zusätzlich gezielte Übungen, um Muskeln und Gelenke, die normalerweise kaum benutzt werden, geschmeidig zu halten. Das wirkt sich wiederum positiv auf das Nerven-, Hormon-, Immun- und Verdauungssystem aus.

Das vierte Geschenk des Ayurveda an alle Menschen ist: Jeder kann für sich die geeignete Methode zur Selbstheilung finden und praktizieren. Er kann sich zur Erforschung des Lebens anregen lassen. Er muss sich keiner Institution, keinem Arzt ausliefern, bei denen der Verdacht auf menschenunwürdige Behandlung besteht. Er ist direkt mit der höchsten Macht im Universum verbunden und darf frei entscheiden, was gut für ihn ist und was nicht. Äußere Autoritäten dürfen nur sekundieren. Niemand weiß so gut wie ich, was ich fühle und was für mich gut ist. Es geht darum, den Zugang zu dieser inneren Gewissheit wieder zu finden.

Im Austausch und in der Begegnung mit der westlichen Medizin wurde natürlich auch der Ayurveda beschenkt. Die Heilpflanzen wurden genauer auf ihre Wirkstoffe untersucht und können heute effektiver eingesetzt werden. Die westliche Psychotherapie hat neue Wege zum Unbewussten erschlossen. Die Neurologic, Molekularbiologie und Gehirnforschung hat den Zusammenhang von Körper und Seele auf subtilen Ebenen weiter aufgeklärt. Letztlich gibt es keine Trennung zwischen Ayurveda und westlicher Medizin. Es gibt einfach nur Menschen, die sich mit ihrer Begabung und Forschung dafür einsetzen, dass es anderen besser geht. Dafür sollten wir alle zusammenarbeiten.

Teil II

DIE PRAXIS DER SELBSTBEHANDLUNG

Wann können und sollten wir selbst die Initiative ergreifen?

In diesem zweiten Teil des Buches geht es vor allem darum, wie wir uns selbst helfen können. In keinem Fall wird hier von einem Arztbesuch abgeraten. Doch manchmal kommen plötzlich Ängste, Kopfschmerzen oder Verwirrung auf, ein Arzt des Vertrauens ist nicht so schnell zu erreichen und wir sind auf uns selbst angewiesen. Oder wir haben bereits verschiedene Ärzte aufgesucht und keiner hat uns so richtig angesprochen oder geholfen. Wir sind ratlos. Was sollen wir als Nächstes tun?

Oder aber wir fühlen uns einfach schlecht: niedergedrückt, lustlos, angespannt, gehetzt, ängstlich, unsicher, verwirrt, gereizt. Für einen Arztbesuch sehen wir keinen Grund. Doch vielleicht können wir selbst etwas tun, um diese vorübergehende Laune oder Unpässlichkeit in den Griff zu bekommen.

Nichts geschieht zufällig. Alles hängt zusammen. So wollen wir die Zusammenhänge erkunden und uns Klarheit verschaffen, ob wir vielleicht doch einen Arzt aufsuchen sollten – und was wir von ihm wollen. In gewisser Weise dient dieser Teil des Buches auch der Klärung grundsätzlicher Fragen wie: Was will ich vom Leben? In welchem Bereich und warum fühle ich mich unzufrieden und unerfüllt? Was könnte mir helfen?

4 ÄNGSTE DURCHSCHAUEN UND LOSWERDEN

Wovor haben wir Angst?

Angst durchzieht unser ganzes Leben, oft unbewusst. Wann haben Sie zuletzt deutlich Angst gespürt? Vielleicht aus Sorge, als ein geliebter Mensch, Ihr Partner oder Kind nicht zum gewohnten oder vereinbarten Zeitpunkt zu Hause war? Vielleicht in Form von Lampenfieber, weil Sie vor Kollegen eine kleine Rede halten oder ein Projekt vorstellen sollten? Vielleicht auch vor einem Arztbesuch? Angst vor einer unangenehmen Untersuchung oder einer schwer wiegenden Diagnose wie Krebs? Oder vielleicht mögen Sie morgens nicht aufstehen? Womöglich macht Ihnen der ganze bevorstehende Tag Angst.

Angst ist eine erstaunliche Emotion. Sie kann dazu führen, dass wir uns vom Leben völlig abschotten. Sie kann aber im nächsten Moment alle Wände und Schutzmechanismen durchbrechen und uns vor lauter Lebendigkeit vibrieren und zittern lassen. Zunächst einmal schützt sie uns vor Gefahren. Jeder hat Angst vor einem Fall in die Tiefe. Die Magengrube zieht sich zusammen beim Blick in einen Abgrund und bei dem Gedanken, man könnte dort hinunterstürzen. Doch manche suchen zum Beispiel durch Extremsportarten wie Bungeespringen diesen Kick, diesen Adrenalinschub, der alle Sinne wach macht – natürlich abgesichert durch ein elastisches Seil. Wäre der Angstmechanismus völlig ausgeschaltet, würde man womöglich auch ohne Seil springen. Bei Kleinkindern sind wir deshalb besonders besorgt, weil sie die Gefahr eines Sturzes noch nicht absehen können.

Angst ist das wichtigste und vielschichtigste Phänomen, dem wir uns in diesem zweiten Teil des Buches widmen werden. Sie ist der Wächter zwischen Leben und Tod und Auslöser der meisten (psychosomatischen) Krankheiten. Keine andere Emotion führt uns so dicht an die Essenz des Lebens heran.

Angst entsteht laut Neurowissenschaft in einer Region tief im Gehirn, der Amygdala, auch Mandelkern genannt. In diesem Nervengewebe von der Größe und Form einer Mandel werden Sinnesreize emotional daraufhin ausgewertet, ob sie eine Gefahr für den Gesamtorganismus bedeuten oder nicht. Bei Gefahr werden Hormone wie Adrenalin ausgeschüttet, die den Körper in Alarmbereitschaft versetzen und auf Angriff oder Flucht einstellen: zum Beispiel durch verstärkte Muskelspannung und eine erhöhte Sauerstoffzufuhr. Bei Entwarnung sorgen andere Stoffe wie Serotonin und Dopamin für Entspannung. Die Amygdala entscheidet nicht allein und isoliert, sondern ist mit anderen Bereichen des Gehirns verbunden, etwa Gedächtnisbereichen im Hippothalamus.

Bei über 40 Millionen Menschen in Europa reagiert die Amygdala überempfindlich. Schon ein harmloser Reiz löst Alarm aus und führt zu Panikreaktionen – im Gehirn und im Verhalten. Es ist inzwischen die Rede von der »Volkskrankheit Angst«. (1) Die Neurologen und Psychologen unterscheiden dabei verschiedene Symptome oder Gruppen. Am stärksten vertreten (18,4 Millionen) sind die »spezifischen Phobien«. Sie reichen von Ablutophobie (Angst sich zu waschen), über Höhen- und Platzangst bis hin zur Zoophobie (Angst vor Tieren).

Die nächste große Gruppe (6,4 Millionen) leidet unter »sozialen Phobien«. Manche Menschen machen uns Angst. Sie erscheinen uns bedrohlich, nicht vertrauenswürdig – und das oft durchaus zu Recht. In unserer blutigen Geschichte hat sich immer wieder gezeigt, dass die größte Gefahr von anderen Menschen ausgeht. Doch auch hier gilt es, eine vernünftige, sinnvolle Mitte zu finden.

Wer sich ständig von Terroristen bedroht fühlt und schon beim Anblick eines jungen bärtigen Mannes mit Rucksack auf einem

Bahnhof Panik bekommt und den Ort fluchtartig verlässt, leidet an einer sozialen Phobie. Umgekehrt sind etliche Menschen zu vertrauensselig, was sie immer wieder in Schwierigkeiten bringt. Medizinisch belegt sind Fälle, bei denen das Angstzentrum zu wenig aktiv war und der oder die Betreffende sich stets aufs Neue von Betrügern ausnutzen ließ. Die soziale Angst sucht große Stars vor ihrem Auftritt ebenso heim wie einen Büroangestellten, der in einem Gespräch mit seinem Vorgesetzten keinen klaren Satz zustande bringt.

Eine weitere Gruppe (6,2 Millionen) wird unter dem Begriff Panikstörung zusammengefasst. Diese Menschen überfällt wie aus heiterem Himmel plötzlich Panik, verbunden mit Herzrasen und Schweißausbrüchen. Sie können dafür keinen konkreten äußeren Anlass benennen.

Und schließlich die Gruppe der »generalisierten Angst« (5,8 Millionen). Diese Art von Ängsten kann sich durch aktuelle Medienberichte wie etwa über die Vogelgrippe (Frühjahr 2006) bei dafür anfälligen Personen bis ins Groteske steigern. Sie gehen womöglich gar nicht mehr außer Haus und lassen sich ihr Essen anliefern. Zu den generalisierten Ängsten gehören auch die Angst vor dem Untergang der Welt, vor Terrorismus, vor Aids, vor der Welt und dem Leben überhaupt.

Wir mögen zwar nicht im medizinischen Sinne zu den Millionen von Angstgestörten gehören. Doch Hand aufs Herz: Wir wünschen uns alle, keine Angst mehr zu haben. Wegzaubern können wir sie allerdings nicht. Wir sollten sie in ihrer wichtigen und sinnvollen Schutzfunktion anerkennen und zugleich als Wegweiser nutzen. Wo sie auftaucht, führt sie uns meist in unbekannte Bereiche des Lebens. Um ihre Mechanismen und Auswirkungen auf unser Leben und unsere Gesundheit zu erkennen und zu verstehen, müssen wir uns mit unserem Verstand befassen. Ayurveda widerspricht der westlichen Medizin nicht, wonach die Wurzel der Angst im Gehirn sitzt, hat aber darüber hinaus noch weitere Perspektiven und Ansätze zu bieten.

Angst und Gedanken

All die Beispiele für übertriebene Ängste zeigen eines deutlich: Hier geht es nicht um eine echte unmittelbare Gefahr, bei der wir fliehen oder angreifen müssen, sondern um eine eingebildete Bedrohung. Sie mag neurologisch dieselben oder ähnliche Reaktionen im Gehirn bzw. im Mandelkern auslösen. Doch da scheint etwas Entscheidendes »dazwischengeschaltet« zu sein. Wie auch immer das von Neurologen bezeichnet oder im Gehirn lokalisiert wird, im Ayurveda sprechen wir von Manas, den geistigen Inhalten. Sie sind wie Nahrung für die Seele (oder das Gehirn) und kommen zunächst aus den Sinnesempfindungen. Der »Rohstoff« – das Gehörte, Gesehene usw. – wird durch die Interpretation des Verstandes verarbeitet.

Ein Krieger, der im Kampf angegriffen wird, hat im Grunde keine Zeit für Angst. Er kann nicht lange über seine Situation nachdenken, sondern muss so schnell wie möglich handeln. Das gilt in der heutigen westlichen Zivilisation auch für Soldaten, Polizisten, Ärzte, Krankenschwestern, Feuerwehrleute und andere im akuten Einsatz. Was aber ist mit dem Hypochonder, der auf jeden Herzschlag lauscht und ständig seinen Blutdruck misst? Was ist mit dem, der sein Haus nicht mehr verlässt aus Angst vor Giftgasanschlägen, und der ständig neue Schutzmasken ausprobiert? Was ist mit demjenigen, der glaubt, seine Arbeit im Büro nur noch mit einer Packung von Tranquilizern oder einer Flasche Hochprozentigem überstehen zu können?

Es besteht kein Anlass, auf diese Menschen hinunterzusehen oder sich von ihnen abzugrenzen. Denn jeder von uns befindet sich mehr oder weniger in einer ähnlichen Situation. Ständig sind wir in Hoffnungen oder Sorgen verstrickt. Wir malen uns aus, wie wohl der nächste Tag verlaufen wird, wie wir mit unserem Partner, der Familie, den Arbeitskollegen oder dem Boss klarkommen werden. Wir machen uns Sorgen um unsere wirtschaftliche Situation und um die Eskalation von Gewalt und Hass in der Welt. Augen und Ohren zu verschließen und wie der Vogel Strauß den Kopf in den Sand zu stecken ist natürlich kein Ausweg. Was wir täglich in den Nachrichten mitbekommen, gibt durchaus Anlass zur Sorge. Es beschäftigt unseren Verstand. Er sieht in den Bildern eine Gefahr und will Abhilfe schaffen. Doch seine Analyse ist nicht so zuverlässig, wie wir meist glauben.

Einer der meistunterschätzten Denkfehler ist die Verwechslung von Bild und Wirklichkeit. Das Gehirn hinkt in mancher Hinsicht der schnellen technologischen Entwicklung hinterher. Die realistischen Bilder im Fernsehen werden überwiegend als etwas ausgewertet, das tatsächlich gerade geschieht. Ein Amazonas-Ureinwohner, der noch nie ferngesehen hat, würde bei den Tsunami-Bildern womöglich aufspringen und weglaufen. Sicher gibt es die anderen Informationen, die das Gehirn ebenfalls auswertet: Da ist nur ein flimmernder Kasten mit Bildern. Die gesamte restliche Umgebung ist wie immer fest und sicher.

Doch unser Verstand arbeitet eher subjektiv. Er schlägt auch aufgrund der bisher gemachten Erfahrungen Alarm. So könnte eine im Fernsehen gezeigte Flutwelle bei jemandem, der einmal selbst vom Ertrinken bedroht war, eine Panik auslösen. Oder die toten Vögel auf der Insel Rügen: Das könnte doch auch vor meiner Haustür in Bayern passieren! Die Bilder sind so nah und echt. Wir holen die Katastrophen damit in gewisser Weise in unser Wohnzimmer.

Doch oft genug glaubt unser Verstand auch Botschaften, die er aus Gesprächsfetzen und Andeutungen aufschnappt. Denken wir an den berühmten Othello von Shakespeare. Er glaubte den bösen Verleumdungen mehr als den Beteuerungen seiner Ehefrau Desdemona. Er tötete, was er am meisten liebte. Der Verstand in Kombination mit Emotionen wie Angst, Neid, Eifersucht und Hass kann uns in großes Leid stürzen. Deshalb können und dürfen wir unseren Gedanken nicht trauen. Wir sollten sie vielmehr aus einer gewissen Distanz heraus beobachten.

Die indische Tradition, und darin speziell der Buddhismus, hat stets davor gewarnt, sich mit dem zu identifizieren, was flüchtig und vergänglich ist. Gedanken und Emotionen wie Angst kommen und gehen. Die Dinge und Personen, vor denen oder um die wir Angst haben, ebenso. Doch zunächst geht es darum zu erkennen, dass die Gedanken nicht die Dinge sind, auf die sie sich beziehen. Der Gedanke an eine Bombe ist keine Bombe, jedenfalls nicht die eigentlich befürchtete. Er kann allerdings selbst zu einer Art Bombe werden, die nach hinten losgeht. Der Gedanke löst womöglich Angst und Stress aus und mag zu Verdauungsproblemen, Bluthochdruck oder Migräne führen. Aber da sind nur Sorgen und Ängste weit und breit, keine reale Bombe. Selbst sehr gut verdienende Manager gehen heute mit Angststörungen zum Therapeuten. Bei einem monatlichen Gehalt von 50 000 Euro lassen sie ihre Frau in einem Nebenjob arbeiten – aus Angst vor Verarmung. Der Therapeut muss ihnen dann vorrechnen, wie viele Jahre sie unbesorgt vom bereits Angesparten leben können. (2)

Das ist eine therapeutische Möglichkeit: den Verstand mit seinen eigenen Waffen zu schlagen. Ihn rational davon zu überzeugen, dass alles okay ist. Eine andere ist Meditation oder Kontemplation. Sie setzen auf das geistig höhere und stärkere Prinzip der kosmischen Intelligenz. Der Verstand ist nur ihr Diener. Es ist wie in dem berühmten alten Gleichnis:

Der Hausherr sagte zu seinen Dienern: »Ich muss für einige Zeit verreisen. Achtet solange auf mein Haus!« Bald schon vergaßen die Diener den Hausherrn und betrachteten sich selbst als Eigentümer. Diese Diener repräsentieren unseren Verstand. Er tut so, als wüsste er Bescheid, und hat in Wahrheit überhaupt keine Ahnung, worum es im Leben wirklich geht. Doch wir können unsere Gedanken in jedem Moment bewusst wahrnehmen. Und in dieser inneren Haltung des Beobachters und Zeugen kehrt der Hausherr zurück. Er durchschaut die Verwirrung, all die unnötigen, sinnlosen und unrealistischen Ängste und Sorgen.

Und schließlich, die zentrale Aussage im Buddhismus und im Advaita Vedanta: Was ist denn da, was geschützt werden müsste? Das Leben? Das ist doch viel umfassender und größer als wir selbst. Es kann sich sehr wohl selbst schützen. Nein, wir sind natürlich um uns selbst besorgt, um das »mich«, diese Person. Alle Angst kreist um das Ego. Was »ich« zu verlieren habe: *Mein* Ansehen, *meine* Sicherheit, *meine* Familie, *meine* Gesundheit, *mein* Leben. Gibt es dieses Ich, dem das alles gehört, überhaupt? Oder ist das womöglich nur ein weiterer Gedanke, eine Illusion? Der Buddhismus regt dazu an, genau nachzuforschen. Sollte sich dieses »Ich« als ein vorübergehender Gedanke erweisen, dann fallen plötzlich alle Ängste als unbegründet und überflüssig ab. Die ängstlichen Gedanken tauchen nicht mehr auf. An ihre Stelle treten effektive Überlegungen, was konkret zu tun ist, um ein tatsächliches Problem zu lösen.

»Ich«, »mich« und »mein« sind nur Worte, die auf nichts Wirkliches weisen. Eine solche Einsicht ist die beste Kur gegen jede Angst und viele andere seelische und körperliche Probleme. Dazu gebe ich im Anhang Meditations- und Kontemplationsanleitungen. Doch die Erkenntnis der Leere – dass es nichts zu fürchten und zu schützen gibt – ist letztlich ein Geschenk.

Ayurveda arbeitet natürlich – wie die westliche Medizin und Psychotherapie – meist auch auf einer relativen Ebene, auf der die Vorstellung von einem selbstständigen Ich nicht in Frage gestellt wird. Bei der Angst geht es darum, den Verstand zu beruhigen. Er ist ein Organ und kann wie andere Organe in sein natürliches Gleichgewicht gebracht werden: durch entsprechende Ernährung, Reinigungskuren, körperliche Bewegung (Yoga) usw.

Doshas und Eigentherapie

Angst und Nervosität werden in der Regel durch zu viel Vata verursacht. Vata ist das Prinzip der Bewegung. Zu viel Bewegung der Gedanken und Emotionen zieht Störungen von Schlaf, Verdauung und Konzentration nach sich, ebenso Stress, Bluthochdruck und Verwirrung. Ich möchte zunächst kurz auf die ayurvedischen Regeln zur Reduktion von Vata eingehen.

Ausgleich von Vata

Regelmäßige, möglichst warme Mahlzeiten, schon morgens eine kräftige Suppe oder heißen Haferbrei, mittags und abends auch mal ein Stück Fleisch oder Fisch mit Kartoffeln und Soße – das erdet. Die Gedanken kreisen etwas langsamer, vielleicht ist sogar ein Mittagsschläfchen möglich! Angst und Nervosität schlagen oft auf Magen und Darm. Man mag nichts essen. Doch wenn irgend möglich, sollten Sie gerade dann wenigstens eine heiße Suppe zu sich nehmen, und das mit Bedacht. Schmecken Sie so bewusst wie möglich! Sie werden sich schon während des Essens kräftiger und ruhiger fühlen.

Nehmen Sie sich einige Minuten Zeit, um Ihre Handflächen und Finger zu massieren. Das lenkt Ihre Aufmerksamkeiten von den kreisenden Gedanken auf Ihr Körperempfinden und entspannt. Streicheln Sie Ihre Hände. Spüren Sie, wie Ihre Füße den Boden berühren. Lassen Sie sich öfter mal massieren. Besuchen Sie die Sauna.

Kämpfen Sie – wenn irgend möglich – nicht gegen rasende Gedanken und Herzklopfen an. Nehmen Sie die Aufregung wahr wie einen spannenden Film oder ein wildes Musikstück. »Interessant«, können Sie sich sagen, »was da gerade wieder abläuft. Das beruhigt sich auch wieder!«

Auf das System der Chakras bezogen, sollten bei zu viel Vata das Wurzel- und das Herzchakra gestärkt werden. Tanzen Sie, mit Partner oder auch allein, möglichst täglich zehn Minuten am besten zu einer wiegenden Musik, die Sie besonders berührt (siehe auch Teil III, »Chakrameditationen«).

Angst ist nicht ausschließlich auf einen Überschuss von Vata zurückzuführen und keinesfalls auf Vata-Typen beschränkt. Sie nimmt in Verbindung mit anderen Doshas nur andere Formen an. Wie schon gesagt gibt es ganz verschiedene Arten von Angst. Ein ausgeprägter Kapha-Typ hat meist weniger Angst, seine Seele oder seinen guten Ruf zu verlieren als etwa sein schönes Fernsehsofa. Bei einem Pitta-Typ ist es eher umgekehrt.

So muss man zuerst herausfinden, um welche Art von Angst es sich handelt: Angst wovor und wie stark, mit welchen körperlichen Symptomen verbunden usw.? Dann kann man sie dem jeweiligen Typ zuordnen. Schließlich betrachtet man die 20 Eigenschaften (Gunas) und verordnet sich selbst die geeigneten Gegenmaßnahmen.

Beispiel Kapha-Typ: Angst, zu versagen und nicht genug Leistung zu bringen. Der Grund: Man hat schon oft verschlafen und ist zu spät zur Arbeit gekommen; ein offenes Gespräch mit Kollegen oder Vorgesetzten hat man vermieden. In einem solchen Fall könnte die Angst bereits verschwinden, wenn der Betreffende konsequent rechtzeitig aufsteht. Ganz simpel!

Beispiel Pitta-Typ: Auch hier könnte es sich um Versagensängste handeln, aber aus ganz anderen Gründen. Es geht womöglich um Machtansprüche und Streitereien. Wir wissen im Grunde ganz genau, woran es liegt, wenn bestimmte Dinge immer wieder schief laufen, und warum sich daraus Angst entwickelt. Und wir können das Problem oft ganz einfach mit einer Gegenqualität beheben. (3) In diesem Fall könnte die übersteigerte Pitta-Eigenschaft »schnell und scharf« – also etwa zu harte und vorschnelle Kritik an Kollegen oder Freunden – durch die Gegenqualität »langsam« ausgeglichen werden: Erstmal tief Luft holen, eine kleine Pause machen, sich sammeln, und dann mit mehr Ruhe und Bedacht sprechen.

Im Folgenden gebe ich einige Tipps, die allgemein helfen, Angst und Nervosität zu reduzieren. (4)

Akupressur: Bilden sie mit der linken Hand eine Faust, so dass die Finger in der Mitte der Handfläche ruhen. Suchen Sie den Punkt in der Handfläche, wo der Mittelfinger endet, und drücken Sie mit dem Daumen der rechten Hand eine Minute lang kräftig auf diesen Punkt. Dies wirkt beruhigend auf die Angst verursachende Erregung von Prana.

Ölmassage: Eine Ganz- oder Teilkörpermassage, möglichst morgens vor dem Bad, kann Angstzustände verringern. Für Vata ist Sesam, für Pitta Sonnenblumen- oder Kokos- und für Kapha Maisöl geeignet. Reiben Sie etwa 0,2 Liter erwärmtes Öl vom Kopf bis zu den Zehen in die Haut ein, bei einer Kurzmassage entsprechend weniger Öl in die Kopfhaut und die Fußsohlen.

Entspannungsbad: Geben Sie ⅓ Tasse Ingwer und ⅓ Tasse Backpulver in die mit heißem Wasser gefüllte Wanne. Lassen Sie den Badezusatz zunächst für 10 bis 15 Minuten ziehen. Entspannen Sie sich dann 15–20 Minuten im Badewasser.

Beruhigungstee: Bereiten Sie einen Tee mit den folgenden Kräutern zu (Sie können diese und andere im Buch angeführte Kräuter über verschiedene ayurvedische Versandhandlungen bekommen, Adressen siehe Anhang):

1 Teil Tagar oder Baldrian

1 Teil Musta

Lassen Sie ½ Teelöffel dieser Kräutermischung 5 bis 10 Minuten in einer Tasse (circa 0,2 l) mit heißem Wasser ziehen. Zweimal täglich trinken.

Schmerzen Sinn geben

Wer starke Schmerzen hat, geht meist schnell zum Arzt. Das ist das Gute an Schmerzen: Sie alarmieren sofort. Jeder möchte Schmerzen so schnell wie möglich wieder loswerden. Das klappt leider nicht immer. Über fünf Millionen Deutsche klagen über chronische Schmerzen, die auch nach etlichen Arztbesuchen nicht verschwunden sind. Und umgekehrt: Viele starke Risiken wie Herzinfarkt, Hirnschlag oder Krebs kündigen sich nicht (unbedingt) durch Schmerzen an. Nicht alles, was wehtut, ist gefährlich. Aber: auch ohne akute Schmerzen können ernsthafte Krankheiten vorliegen. Ich empfehle daher alle nur möglichen Vorsorgeuntersuchungen, auch wenn sie mittlerweile nicht mehr von den Krankenkassen getragen werden.

Medizinisch betrachtet sind Schmerzen »sinnvoll«, wenn sie auf ein akutes körperliches Problem, etwa einen Organschaden, ein Geschwür etc. hinweisen. Chronische Schmerzen, die bereits von vielen Ärzten erfolglos behandelt wurden, werden nicht selten als »sinnlos« eingestuft. Sie scheinen eine Art Fehlalarm zu sein. Der Schmerz kreist in sich selbst wie eine ausgeleierte Platte. Er erscheint ohne Grund, ohne Zweck. Aber er ist nun einmal da, zieht die ganze Aufmerksamkeit eines Menschen auf sich, lässt ihn nicht zur Ruhe kommen, peinigt ihn tags und nachts. Ich glaube nicht an sinnlose Schmerzen. Auch alle chronischen Schmerzen weisen auf ein Problem hin, das mit einer Unausgewogenheit der Energien bzw. der Doshas zu tun hat.

Zu mir kommen viele, die unter chronischen Schmerzen leiden:

111

Migräne, Rücken-, Gelenk- und Bauchschmerzen oder Menstruationsbeschwerden. Da können Hormonstörungen eine Rolle spielen, die wiederum durch bestimmte familiäre Konstellationen ausgelöst wurden.

In einem Fall beklagte sich eine Frau Mitte vierzig über ständig wiederkehrende Kopfschmerzen, Schwindel und Übelkeit vor allem in der Zeit ihrer Periode. Als ich sie über ihre Kindheit befragte, wurde klar, dass ihre Mutter die nicht verarbeiteten Erfahrungen während des Zweiten Weltkriegs, Vertreibung aus der Heimat usw., auf sie übertragen hatte. Immer wieder erzählte sie ihr, wie böse die Menschen seien, dass sie niemandem trauen solle, dass Männer gewalttätig seien usw. Der Östrogenspiegel lag bei dieser Frau weit unter dem Normalwert, was ich mittels Pulsdiagnose feststellte. Ich empfahl ihr, eine Frauenärztin aufzusuchen, die ihr auch durch Hormonpräparate helfen konnte. Doch zusätzlich schlug ich eine bestimmte Ernährung und Reinigungskuren vor. Denn das hormonale System gehört zum Körper und kann durch die richtige Ernährung ausbalanciert werden.

Es mag westliche Mediziner erstaunen, doch wenn die Unausgewogenheit der Doshas harmonisiert wird, können viele psychosomatische Beschwerden, so auch chronische Schmerzen verschwinden.

Doshas und Selbsthilfe

Chronische Schmerzen haben in erster Linie mit zu viel Vata, an zweiter Stelle mit zu viel Pitta und relativ selten mit zu viel Kapha zu tun.

Kapha

Beginnen wir beim Kapha-Typ. Er hat von allen drei Typen das »dickste Fell«. Bei ihm können chronische Gelenk- und Rückenschmerzen auftreten, nicht zuletzt deshalb, weil er sich zu wenig bewegt. Regelmäßig, also wenigstens dreimal pro Woche 30 Minuten joggen, schnell gehen, fahrrad fahren (in Absprache mit dem Arzt) können die Schmerzen lösen; ebenso eine Umstellung der Ernährung, die den Kapha-Überschuss reduziert (siehe Ernährungsempfehlungen im Anhang).

Pitta

Beim Pitta-Typ stehen Entzündungen im Vordergrund. Wir sollten hier auch den seelischen Schmerz berücksichtigen. Zu viel Pitta führt oft zu einem ungerechten, aufbrausenden Verhalten, das später meist bereut wird. Das erzeugt Schuldgefühle, die wie Entzündungen schwelen und wehtun können. Da der feurige Pitta-Typ dazu neigt, Empfindungen und eben auch Schmerz nach außen zu tragen oder zu projizieren, etwa in Form von Ungeduld, Gereiztheit oder hektischer Aktivität, möchte ich ihm unbedingt raten, die umgekehrte Richtung einzuschlagen, innezuhalten, in den Schmerz hineinzuspüren und zu meditieren. Dabei eine CD zur Entspannung oder auch gezielt zur Schmerztherapie (siehe CDs im Anhang) zu hören kann sicher nicht schaden.

Vata

Schmerz ist grundsätzlich vor allem auf die Unausgewogenheit von Vata zurückzuführen. Sehr oft ist Vata bei chronischen Schmerzen (wie auch bei Ängsten) zu stark. Wie ich schon ausführte, erhöht das Vata-Prinzip die Beweglichkeit und Empfindlichkeit. Ein ausgeprägter Vata-Typ reagiert sehr sensibel auf seine Umwelt. Für seine geistige Wachheit und Kreativität zahlt er nicht selten den Preis der Überempfindlichkeit und Anfälligkeit für schmerzhafte körperliche Symptome wie Migräne, Magen-Darm-Störungen oder Rücken- und Gelenkschmerzen. Der Philosoph Friedrich Nietzsche ist dafür ein berühmtes Beispiel. Er litt unter starker Migräne und – wie später bekannt wurde – auch unter Syphilis. Doch er sah die Schmerzen als Herausforderung, wusste um den Zusammenhang zwischen der Freiheit des Geistes und der Überempfindlichkeit des Nervensystems.

Viele große Dichter, Maler und Musiker hatten zu viel Vata und litten unter chronischen Schmerzen. Ein Ayurveda-Arzt hätte ihnen Tipps geben können, wie sie ihre Lebensqualität hätten verbessern können, ohne bequem und unkreativ zu werden. Die kreativen Vata-Typen versuchen ihre Empfindlichkeit nicht selten in Alkohol zu ertränken.

Viel besser ist es natürlich, den Schmerz in den Dienst einer sinnvollen Aufgabe zu stellen. Wenn Sie unter Migräne oder anderen chronischen Schmerzen leiden, die bisher nicht therapiert werden konnten, versuchen Sie den positiven Aspekt zu sehen. Ihre Sensibilität weist auf ein starkes kreatives Potenzial hin. Was könnte das sein? Malen, töpfern, schreiben, singen, mit anderen kommunizieren? Verschreiben Sie sich einer Aufgabe, die Ihnen sinnvoll erscheint. Das macht den Schmerz nicht nur erträglicher, sondern kann ihn sogar auflösen.

Buddha machte die Erfahrung von Leid und Schmerz geradezu zum Ausgangspunkt seiner Lehre. Leben ist Leiden. Nur wer das selbst empfunden und erkannt hat, wird sich auf die Suche nach einem Ausweg begeben. Vata-Typen werden aufgrund ihrer Dünnhäutigkeit und Sensibilität am ehesten zu spirituellen Suchern. Dennoch: Sie sollten die Möglichkeit wahrnehmen, sich mit einer kleinen Schicht aus Speck und Gelassenheit vor unnötigem

Schmerz und Stress zu schützen. Kräftige, warme regelmäßige Mahlzeiten, möglichst täglich eine halbe Stunde still meditieren oder einer beruhigenden Musik lauschen – das stört die spirituelle Reise nicht, sondern macht eher fit dafür.

Abhilfe bei Kopfschmerzen

Es gibt im Ayurveda sehr viele und differenzierte Anwendungen gegen Schmerzen aller Art, jeweils bezogen auf den Konstitutionstyp bzw. auf das zu starke Dosha. Das möchte ich hier am Beispiel Kopfschmerz, eines ja recht komplexen Phänomens, zeigen.

Vata-Kopfschmerzen treten meist am Hinterkopf auf: ein pochender, pulsierender und wandernder Schmerz, oft in Verbindung mit Nacken- und Schulterverspannungen oder auch Verstopfung. Ursache können giftige Ablagerungen im Dickdarm sein.

• Abhilfe schafft in diesem Fall ein Einlauf mit warmem Wasser – besser noch mit 0,1 Liter warmem Sesamöl.

• Zur Entgiftung des Dickdarms hilft außerdem ein abendlicher Tee mit Triphala (½ Teelöffel auf eine Tasse warmes Wasser), möglichst einige Wochen lang regelmäßig genossen.

• Verspannte Hals- und Schultermuskulatur sollten Sie mit Sesamöl massieren und anschließend heiß duschen.

• Träufeln Sie 3 bis 5 Tropfen angewärmtes Ghee in beide Nasenöffnungen.

• Massieren Sie vor dem Zubettgehen mit etwas Sesamöl sanft die Schädeldecke und die Fußsohlen.

• Bei Flüssigkeitsmangel als Ursache der Kopfschmerzen helfen augenblicklich 1 Esslöffel Zucker, ½ Teelöffel Salz und 10 Tropfen Zitronensaft in ½ Liter Wasser aufgelöst.

Pitta-Kopfschmerzen beginnen im Schläfenbereich und greifen von dort auf den zentralen Teil des Kopfes über. Der Schmerz ist stechend und durchdringend.

- Helles Licht, Sonne und stark gewürzte Speisen unbedingt vermeiden.
- Hilfreich: Bis zu dreimal täglich 2 Esslöffel Aloe-Vera-Gel einnehmen.
- Ein kühlend wirkender Kumin-Koriander-Tee (in gleichen Anteilen gemischt und pro Tasse 1 Teelöffel der Mischung) kann ebenfalls helfen. Trinken Sie ihn eher lauwarm.
- Auch eine kühlende Paste aus 1 Teelöffel Sandelholzpulver und etwas Wasser, auf Stirn und Schläfen aufgetragen, kann die Pitta-Kopfschmerzen lindern: eine halbe Stunde einwirken lassen, dann abwaschen.
- Essen Sie außerdem etwas Süßes, zum Beispiel Früchte oder Eiscreme.

Kapha-Kopfschmerzen werden oft durch Verstopfung der Nebenhöhlen und der Nase verursacht und haben somit häufig mit einer Erkältung zu tun. Sie scheinen aus der Mitte des Kopfes zu kommen und fühlen sich dumpf an.

- Hilfreich: 10 Tropfen Eukalyptusöl in kochendes Wasser geben, den Kopf mit einem Handtuch abdecken und den Dampf einatmen.
- Oder: Vermischen Sie 1 Teelöffel Ingwerpulver mit Wasser, sodass eine Paste entsteht. Tragen Sie die Paste auf die Stirn auf und lassen Sie sie etwa 20 Minuten einwirken.

Bei allen drei Kopfschmerztypen hilfreich:
- Yogaübungen wie die Fünf »Tibeter« (siehe Teil III).
- Oder stellen Sie sich einfach eine Weile auf die Zehenspitzen. Das kann manchmal Wunder wirken. Unbedingt zu vermeiden sind Stellungen, bei denen sich der Kopf unterhalb des Rumpfes befindet, wie zum Beispiel der Kopfstand.

6 STIMMUNGSTIEFS UND DEPRESSIONEN ENTGEGENWIRKEN

Die Symptome

Viele Menschen sagen mir in den Beratungsgesprächen, dass sie sich häufig niedergeschlagen und lustlos, müde und abgeschlagen fühlen. »Bin ich in eine Depression hineingeraten?«, fragen sie mich besorgt. In der Regel beruhige ich sie, dass ihre Symptome phasenweise bei jedem Menschen vorkommen und sehr oft mit Stress zu tun haben. Und tatsächlich verschwinden die Stimmungstiefs meist schon nach einigen Tagen der Ayurveda-Kur. (5)

Damit will ich die Depression (im klinischen Sinne) nicht verharmlosen. Sie gehört zu den ernst zu nehmenden gesundheitlichen Problemen unserer Zeit. Aber sie ist zugleich ein schwer greifbares Schreckgespenst. Die ihr zugeordneten seelischen und körperlichen Anzeichen füllen ein enorm großes Spektrum, wie die folgende Zusammenfassung aus den »Leitlinien der Deutschen Gesellschaft für Psychotherapeutische Medizin (DGPM)« zeigt.

Seelische Symptome

Traurigsein, Freudlosigkeit, Genussunfähigkeit, Interesse- und Energielosigkeit (meist als Tagesmüdigkeit), unerklärliche Dauer-Mattigkeit oder gar Kraftlosigkeit bis hin zum Schwäche- und Elendigkeitsgefühl. Manchmal »innerlich wie tot«, manchmal aber auch innerlich unruhig, nervös und gespannt. Dazu mutlos, voller Angstzustände und Minderwertigkeitsgefühle, überempfindlich, reizbar, ja aggressiv. Dazu ständiges Gedankenkreisen oder Problem-Grübeln, entscheidungsunfähig, voller Schuldgefühle und Beziehungsstörungen (»wie hinter einer Glaswand oder unter einer Glasglocke, man kommt nicht heraus und niemand kommt mehr an einen heran«).

Körperliche Symptome

Schlaf- und Appetitstörungen, Gewichtsverlust, vielfältige Magen-Darm-Beschwerden, Kopfdruck, Blasenstörungen, Atemenge, Herz- und Kreislaufstörungen, Kloß im Hals, schwer abgrenzbare und mitunter wandernde Beschwerden im Bereich von Muskulatur, Wirbelsäule und Gelenken, Mundtrockenheit, dazu Hitzewallungen, Kälteschauer, Libido- und Potenzstörungen, Beeinträchtigung von Stimme (leise, monoton), Haltung und Bewegung (gebeugt, kraftlos, schleppender Schritt) u. a. (6)

Hier sind Beschwerden aufgeführt, die fast jeder aus eigener Erfahrung kennt. Um jemanden als depressiv zu diagnostizieren, genügt es aber nicht, die eine oder andere der genannten Eigenschaften festzustellen. Depression ist im Unterschied zu einem flüchtigen Stimmungstief ein andauerndes Leiden, das gravierende Spuren hinterlässt. Sie hat psychosoziale Konsequenzen: Man scheut zunehmend vor Kontakten mit seinen Mitmenschen zurück, igelt sich ein. Missverständnisse und Auseinandersetzungen mit dem Partner, den Kindern, den Arbeitskollegen oder dem Vorgesetzten häufen sich. Man spürt eine Art »innerliches Erkalten«, kann aber nichts dagegen tun. Ein Leistungsabfall scheint vorprogrammiert, der Arbeitsplatz ist gefährdet.

Im seelischen Feld

Depression hat mit der Seele zu tun, da sind sich Laien und Mediziner einig. Und zugleich ist die Seele die große Unbekannte. An dieser Stelle, wo es um alle nur möglichen Verstimmungen, negativen Gefühle und »seelischen Belastungen« geht, sollten wir der Seele tiefer auf den Grund gehen.

All die beschriebenen Emotionen und Symptome sind allgemein menschlich und seit Urzeiten bekannt. Neu ist der Begriff der Depression, der sie zusammenzufassen sucht. In früheren Zeiten und Kulturepochen konnte man Qualitäten, die heute als depressiv gelten, auch positive Seiten abgewinnen.

Melancholie

Ein Aspekt der Depression wurde im europäischen Mittelalter und der Renaissance als Quelle der Inspiration und Kreativität verstanden: die Melancholie. Albrecht Dürer stellte sie 1514 in seinem berühmten Kupferstich »Melencolia I« symbolisch als einen Engel dar, der – den Kopf auf einen Arm gestützt – offensichtlich mathematische und visionäre Eingebungen hat, die er sogleich niederschreibt.

Die Melancholie (»Schwermut«) ist eines der vier Temperamente, die seit der antiken griechischen Medizin des Galenus von Pergamon (ca. 130–200 n. Chr.) in der gesamten abendländischen Medizin über das Mittelalter bis ins 19. Jahrhundert hinein eine wichtige Rolle spielten. Auch romantische Bilder wie »Mondaufgang am Meer«, 1822 von Caspar David Friedrich gemalt, stellen die Melancholie als eine stille Sehnsucht nach Harmonie dar. (7)

Die »dunkle Nacht der Seele«

Wer sich zeitweise traurig, niedergeschlagen, antriebslos, ja sogar lebensmüde fühlt, sollte sich nicht gleich als krank einstufen oder einstufen lassen. In der spirituellen Tradition des Ostens gibt es viele Berichte von Menschen, die eine Phase schrecklicher innerer Leere und Sinnlosigkeit durchlebten, bevor sie zu einer völlig neuen, »erleuchteten« Sicht des Lebens erwachten. Sehr oft zeigen solche »depressiven« Phasen die Auflösung des Egos an. In den östlichen Lehren, aber auch in der christlichen Mystik – Johannes vom Kreuz prägte den Begriff der »dunklen Nacht der Seele« – werden solche Auflösungserscheinungen positiv bewertet. In der modernen westlichen Kultur wird daraus leicht eine Störung, ein Versagen, eine Krankheit gemacht. Hier geht es um ein funktionierendes Ich, eine Person, die sich durchsetzen und Leistungen bringen kann und muss. Dass innerer Rückzug und Einkehr, also eine Absage an die äußeren Leistungsansprüche im Leben womöglich ebenso notwendig ist, wird dabei einfach ausgeblendet.

Die der Depression zugeordneten Symptome können also ganz unterschiedlich bewertet werden. Was ich allerdings in jedem Fall für völlig falsch halte ist, diese Symptome von vornherein als krankhaft zu stigmatisieren. Das macht ja nur noch mehr Angst. Sicher, nicht jeder, der über Symptome der Depression klagt, steht kurz vor der Erleuchtung. Ayurveda ist pragmatisch genug, um zunächst einmal Abhilfe auf einer alltäglichen Basis zu schaffen. Und da gibt es viele Möglichkeiten.

Ich versuche zuallererst, den gesamten Lebensrahmen des Menschen zu erfassen. Ist er spirituell interessiert oder orientiert? Gibt es konkrete Anlässe für seine Niedergeschlagenheit? Was ist in seiner Familie, in seinem beruflichen Umfeld geschehen? Wo liegen die Unausgewogenheiten im Gesamtsystem? Ayurveda kennt sich in Energieblockaden aus. Manchmal hilft schon eine Ernährungsumstellung, um die Lustlosigkeit, Müdigkeit und den Lebensüberdruss in wenigen Tagen oder Wochen verfliegen zu lassen. In einem solchen Fall war das seelische Tief körperlich bestimmt. Der Akzent liegt auf Soma, nicht auf der Psyche.

Doch vielleicht ist der »Depressive« eben auch jenen »höheren« seelischen Kräften ausgesetzt, die sich den Kriterien des Verstandes und auch denen der meisten westlichen Mediziner entziehen. Solche Fälle sind relativ selten, doch sie bedürfen ganz besonders der feinfühligen Einsicht eines Arztes, der, gemäß buddhistischer Weltsicht, nicht nur die Überlebensstrategien und das Funktionieren in einer Leistungsgesellschaft berücksichtigt, sondern weit darüber hinaus die spirituelle Dimension des Lebens erfasst.

Unnötiges Leiden

Damit will ich nicht sagen, dass wir durch Depressionen gehen müssen, um erleuchtet zu werden. Buddha lehrt, dass das Leben Leiden ist und wie wir uns vom Leid befreien können. Er lehrt nicht, dass wir durch die Erfahrung von Leid erlöst werden können. Im Gegenteil. Leid, etwa die Selbstkasteiung, ist nicht der Weg. Buddhas Weg ist bekannt als Weg der Mitte, der zwischen den Extremen von Leid und Lust verläuft, als Weg der Gelassenheit, der Geduld und des Mitgefühls.

Wer dem Weltschmerz oder der Schwermut frönt, kommt damit der Erleuchtung oder Befreiung keinen Schritt näher. In der christlichen Tradition hat es wohl eine solche Auffassung gegeben, wonach selbst auferlegtes Leiden eine Tugend bedeutete, da man auf diese Weise Jesus nacheiferte. Ich kann darin keinen spirituellen Sinn sehen. Es gibt bereits genug Leid auf Erden, man muss es nicht noch extra suchen oder heraufbeschwören. Ich möchte jedoch darauf hinweisen, dass man jeder Art von Leid, wenn es einem nun einmal widerfahren ist, auch einen positiven Aspekt abgewinnen kann. Und dieser Aspekt hat vor allem mit einer – zunächst meist verborgenen – spirituellen Ebene zu tun.

Es gibt psychische Störungen, die mit spirituellen Vorgängen oder Entwicklungen verbunden sein können. Dazu gehört neben der Depression auch die Schizophrenie. In Deutschland ist seit über zehn Jahren vor allem die von Prof. Dr. Joachim Galuska geleitete Klinik Heiligenfeld in Bad Kissingen bekannt dafür, dass sie sich solcher Fälle annimmt. Wenn sich zum Beispiel jemand monatelang bis zu zehn Stunden täglich auf sein Drittes Auge konzentrierte und damit seinen psychophysischen Organismus zum Kollabieren gebracht hat, kann er hier Hilfe finden.

Ich möchte noch einmal betonen: Kein Extrem, kein Leiden und auch keine Depression hat für sich genommen irgendeinen spirituellen Wert. Es handelt sich immer um Unausgewogenheiten, die behandelt werden können und müssen – jedoch den wahren Ursachen entsprechend. Und da kann Ayurveda in manchen Fällen – etwa von Depression, Ängsten oder chronischen Schmerzen – tiefer sehen als die westliche Medizin. Warum? Weil nicht nur das äußere psychosoziale Umfeld des Individuums genauer beleuchtet wird, sondern weil auch die Seele selbst als eine unbegrenzte innere Kraft und Realität ernst genommen wird.

Die Behandlung

Kehren wir zunächst zurück zu den westlichen Therapien. Sie arbeiten bei einer »endogenen Depression«, die meist genetisch bedingt ist, vor allem mit Medikamenten. Die Forscher haben herausgefunden, dass diese Art der Depression vor allem auf Stoffwechselstörungen im Gehirn beruht. Antidepressiva (»Stimmungsaufheller«) haben sich deshalb als besonders wirksam erwiesen. Zugleich werden im Rahmen eines Gesamt-Behandlungsplans auch Psychotherapie, Soziotherapie (Hilfen und Korrekturen im Alltag) sowie weitere »stärkende Maßnahmen« empfohlen, hier vor allem körperliche Aktivität, etwa ein täglicher »Gesundmarsch bei

Tageslicht«, der nachweisbar stimmungsaufhellend und angstlösend wirkt.

Ersetzen wir die Psychopharmaka durch ayurvedische Medizin, stimmt das grundsätzlich mit der Ayurveda-Behandlung überein. Doch sicherlich anders ist hier wieder, dass grundsätzlich das Individuum berücksichtigt wird. Die Pharmaindustrie produziert nun einmal keine unterschiedlichen Medikamente für unterschiedliche Menschen. Das wäre viel zu aufwändig und kaum profitabel. Die Ayurveda-Medizin tut das aber. In jeder Ayurveda-Klinik und jedem guten Ayurveda-Resort in Sri Lanka werden Medikamente, Pillen, Tees und Kräuter für jeden einzelnen Kurgast individuell hergestellt, entsprechend der ärztlichen Diagnose.

Salopp gesagt: Jeder hat seine ganz eigene Macke – und die wechselt auch noch, je nach Tages- oder Jahreszeit. Darauf stellt sich Ayurveda ein. Stimmungstief am morgen, ab Mittag Aufhellung? Kein Problem. Dafür gibt es Morgens einen Tee und eine »grüne Suppe« mit aufmöbelnden Kräutern. Angst vor der Nacht und Einschlafstörungen? Auch hier helfen eine individuell abgestimmte Diät und Kräutertees. In Indien und Sri Lanka sind immerhin über 10 000 verschiedene Pflanzen auf ihre körperlichen und seelischen Heilwirkungen hin erforscht und über Jahrtausende erprobt.

In der Regel verschwinden fast alle Anzeichen von Depression bei einer Ayurveda-Kur schon nach wenigen Tagen. Die ausgewogene Ernährung, das Gefühl, beim Beratungsgespräch wirklich gehört zu werden, die entspannenden und reinigenden Massagen, das alles löst die Sorgen, Ängste, den Stress und die seelischen Tiefs auf. Doch meist nur für kurze Zeit. Einige Menschen lassen sich die ayurvedischen Präparate auf Vorrat mitgeben. Doch die sind dann auch bald aufgebraucht. Andere rufen gelegentlich an. Die meisten kommen wieder, zur nächsten Kur.

Eine Erkenntnis hat tief im Innern etwas in Gang gesetzt: »Ja, es ist möglich, entspannt und glücklich zu sein. Ich habe es selbst erlebt.« Diese Erfahrung bleibt unvergesslich. Sie ist der individuelle

Schlüssel. Manchmal genügt es, für einige Minuten die Augen zu schließen und sich das Gefühl zu vergegenwärtigen, wie es war, ganz entspannt nach einer Massage dazuliegen. Dazu erklang vielleicht eine bestimmte Musik. Die kann man sich als CD besorgen.

Da Depression meist mit Müdigkeit, Antriebsschwäche und Lustlosigkeit verbunden ist, denkt man darüber nach, wie man sich selbst aufputschen kann. Doch das ist der falsche Weg. Der richtige Weg ist, sich zu entspannen. Nur wenn ich dem Leben selbst mit all seinen unvorstellbaren Möglichkeiten Raum geben kann, kommt die Energie in Fluss. Manchmal dauert es etwas. Nur Geduld!

Doshas

Eine Differenzierung der verschiedenen Anzeichen von Depression nach Typen gibt es in der modernen westlichen Medizin nicht. Das ist bisher dem Ayurveda vorbehalten. Dabei macht es ja gerade bei den so unterschiedlichen Symptomen durchaus Sinn zu erforschen, ob sie sich verschiedenen Menschentypen zuordnen lassen. Dieser Ansatz hat sich im Ayurveda sehr gut bewährt. Seelische Tiefs mit all ihren körperlichen Symptomen lassen sich auf Unausgewogenheiten der Doshas Vata, Pitta und Kapha zurückführen und effektiv therapieren.

Kapha

Zu viel Kapha kann Gefühle der Schwere und der Schwermut auslösen. Die Melancholie wurde im Mittelalter dem Kapha-Element Erde zugeordnet: nicht aus dem Bett kommen, keine Lust, sich auf Neues einzulassen oder sich überhaupt körperlich und geistig zu bewegen. Das Prinzip der Trägheit ist zu stark geworden und muss durch die Qualitäten *leicht, schnell* und *beweglich* ausgeglichen werden.

Entsprechend sieht der Speiseplan leichte Kost vor: Wenig tierische Fette und Milchprodukte, stattdessen scharf gewürzte Suppen, Gemüse, Salate und Obst. Und immer gut kauen! Statt tagsüber ein Nickerchen zu machen, ist ein Spaziergang der schnelleren Art angesagt, am besten Joggen! Für den trägen Kapha-Typ freilich ein Gräuel. Er muss seine Lethargie überwinden. Er sollte mal wieder auf eine Party gehen oder einen Thriller im Kino anschauen (nicht nur auf dem Sofa vor dem Fernseher!).

Pitta

Zu viel Pitta erzeugt die innere Unruhe und Gereiztheit, die zu den scheinbar widersprüchlichen Symptomen der Depression gehören. Widersprüchlich deshalb, weil etwas den äußeren Handlungsspielraum beeinträchtigt. Außen bewegt sich nichts, innen gärt es. Depressive Stimmungen schlagen beim Pitta-Typ leicht auf Magen und Darm (Stichwort: Verdauungsfeuer). »Keep cool« lautet daher die therapeutische Devise. Keine scharfen Gewürze, möglichst wenig Kaffee, Alkohol und Tabak. Wenig Sonne, keine heißen Duschen, dafür kühle Getränke. Kein Hochleistungssport, eher ein paar gemütliche Runden im Schwimmbad. 20 Minuten Meditation täglich. Still sitzen. Gedanken wie »War ich da zu aufbrausend, hab ich den verletzt?« wahrnehmen und vorbeiziehen lassen. Möglichst tägliche (Selbst-)Massage mit Kokosöl. Entspannende Musik hören.

Vata

Zu viel Vata ist vor allem im Westen die häufigste Ursache für Depressionen oder Stimmungstiefs. Vata (Element Luft) bewegt den Verstand. Viele Menschen machen sich zu viele Sorgen. Zugleich ist der Vata-Typ auch sehr sensibel und anfällig für (chronische) Schmerzen. Das kommt dann meist zusammen. Schlafstörungen, Angst, Unruhe, Nervosität, Atembeschwerden, Schwitzen, Herzrhythmusstörungen sind einige der Symptome von Depression. Wie wir sehen, sind es ganz andere als beim Kapha-Typ.

Was in der westlichen Medizin allgemein bei depressiven Störungen geraten wird, nämlich ein streng geregelter Tagesablauf, gilt vor allem bei zu viel Vata. Regelmäßige, warme, erdende Mahlzeiten, durchaus auch mit Fleisch und Fett, nicht zu spät (ab 22 Uhr) zu Bett gehen. Ölmassagen, zumindest an Kopf und Füßen, möglichst täglich. Warm halten, heiße Duschen. Sanftes Yoga, Meditation und entspannende Musik können die depressiven Symptome, die im Grunde auf innerer Angespanntheit beruhen, mildern.

Zeit- und Leistungsdruck

Das Wort Stress ist heute in aller Munde. Vor 50 oder 100 Jahren kannte es niemand. War Stress früher unbekannt? Natürlich nicht. Schon vor Jahrtausenden litten die Menschen unter körperlicher und seelischer Überbelastung, an Überanstrengung und Erschöpfung bei der Arbeit, an Kummer und Sorgen, und sie starben ja auch in der Regel viel früher als heute. Nur wurde das meist mit einem Achselzucken hingenommen. Es betraf ja in der Regel die Armen, die unteren Gesellschaftsschichten.

Heute ist das anders. Etwas hat sich in unserem Bewusstsein geändert. Und das betrifft vor allem unsere Vorstellung von Zeit und Effektivität. Vom einfachen Arbeiter und Angestellten bis hin zum hoch bezahlten Manager, Wirtschaftsboss und Medienstar sind wir alle Sklaven eines enormen Zeit- und Leistungsdrucks geworden. Mehr schaffen und besser funktionieren in immer weniger Zeit!

Wir arbeiten nicht nur, sondern schlafen, essen und lieben mit einer Uhr im Kopf, die uns ständig zeigt, wie viel Zeit wir womöglich vergeudet haben und dass wir sie wieder aufholen müssen. Das ist – grob gesagt – der größte Stressfaktor der modernen Zivilisation. Und er ist hauptverantwortlich für die so genannten »Zivilisationskrankheiten«. Dazu gehören neben Bluthochdruck und Herzinfarkt auch Allergien, Depression, diverse chronische Leiden und Konzentrationsschwächen.

Das Herz als Kraftzentrum

In allen alten Kulturen und Heiltraditionen wurde das Herz als wichtigstes Organ angesehen. Das bezeugen etliche Redewendungen: Etwas geht uns besonders zu Herzen, bricht uns das Herz, wir schauen jemandem ins Herz, erkunden das Herz einer Sache oder sind mit ganzem Herzen dabei. »Das kam von Herzen« bedeutet, jemand hat ehrlich und aus seinem tiefsten Inneren gesprochen oder gehandelt. Das Herz steht in der lebendigen Sprache für Wesenskern und Liebe. Meist wird es als Gegenpol zum Verstand, zu selbstsüchtigen Interessen und zum rastlosen Geschäftsbetrieb der Welt verstanden. Das Herz steht somit auch in einem speziellen Verhältnis zum Stress. Es verursacht die Spannungen nicht von sich aus, sondern ist entweder ihr Opfer oder ihr Überwinder.

In der heutigen Medizin nimmt das Gehirn die Vorrangstellung ein. Der Tod eines Patienten wird nicht am Herzstillstand, sondern am Verlöschen der Gehirnaktivität festgestellt. Das Herz kann wieder aktiviert werden, das Gehirn nicht. Dennoch: Die komplexen Beziehungen zwischen Herz und Gehirn sind nach wie vor nicht vollständig erforscht. Aus ayurvedischer Sicht, die von einem herz- und hirnübergreifenden Bewusstsein ausgeht, ist das Herz weiterhin das lebenserhaltende Zentrum im Körper. Es steht für die vielschichtigen Verflechtungen von Mensch und Welt. Und im Chakrasystem steht es für die Mitte zwischen Überlebensstrategien und unbewusst wirkenden Kräften einerseits und einem höheren Sinn des Lebens andererseits, wo sich Dimensionen jenseits der begrenzten Persönlichkeit eröffnen.

Was wir fühlen und denken, beeinflusst nun einmal ganz entscheidend unsere Gesundheit. Und wenn jemand zu mir kommt und von seinem Herzen spricht, werde ich besonders hellhörig. Ein Geschäftsmann um die 60, etwas übergewichtig, klagte über Kurzatmigkeit, Schweißausbrüche, Schwindelanfälle und stechende Schmerzen in der Brust. Im Gespräch stellte sich heraus, dass ihn seine Frau verlassen hatte, die Tochter nichts von ihm wissen wollte und er nun an dem hing, was ihm geblieben war: seiner Firma. Und die stand kurz vor der Pleite. »Das geht mir aufs Herz«, glaubte er.

»Was würde passieren, wenn Sie auch Ihr Geschäft verlören?«, fragte ich. Er sah mich an, als hätte ich ihm soeben unheilbaren Krebs diagnostiziert.

»Das würde ich nicht überleben!«

»Und wenn doch?«, beharrte ich. Er starrte mich ungläubig an.

»Ich – ohne meine Firma?«

»Aber jetzt ist Ihre Firma doch auch nicht hier, oder? Und Sie scheinen ganz lebendig!« Er schien zu überlegen und nickte dann erleichtert:

»Stimmt! Ich kann auch ohne die Firma leben.«

In den folgenden drei Tagen der Behandlung blühte er sichtlich auf. Sein anfangs stark erhöhter Blutdruck sank fast auf Normalwert.

»Ich fühle mich wie von einem starken inneren Druck befreit«, sagte er mir beim Abschlussgespräch. Er hatte eine Einsicht erfahren, die über eine bloße Information oder Überlegung im Kopf hinausging und die sein Innerstes, sein Herz berührt hatte. Aus eben diesem Herzen, das zuvor wehtat und bedroht schien, kam nun eine ganz neue Lebenskraft.

Eine einfache Herzmeditation, die im dritten Teil des Buches beschriebene »Herz-Kohärenz-Übung« (Seite 212), kann diese Lebenskraft erneut fließen lassen.

Genauer nachfragen

Die bisher angesprochenen Symptome von Angst, Schmerzen und Depression hängen oft zusammen und bündeln sich im Phänomen Stress. Zum Beispiel: Jemand hat seine Arbeit verloren und leidet bald darauf unter chronischen Rücken-, Magen- oder Kopfschmerzen. Er macht sich Sorgen um seine Existenz, verheimlicht womöglich die Kündigung vor der Familie, leidet unter Depressionen und versucht weiterhin, ein geordnetes Leben zu führen.

Solche Fälle sind in der medizinischen Forschung vielfach belegt und ich kenne sie auch aus meiner Praxis. Es ist ein Teufelskreis. Ich sehe da nur einen Ausweg: sich dem zu stellen, was jetzt, im Moment, äußerlich und vor allem gefühlsmäßig geschieht. Es ist nicht leicht, die Frustration wahrzunehmen und zu akzeptieren, ohne einen Schuldigen zu suchen, sei es im Außen oder bei sich selbst. Nach der buddhistischen Lehre gibt es da niemand, der verantwortlich gemacht werden könnte. Niemand, kein Mensch, steuert, was im Leben geschieht. Es geschieht einfach. Gerade in tiefer Verzweiflung, wenn wir völlig hilflos sind, geschieht Erkenntnis: ein tiefes inneres Einverstandensein mit dem, was ist.

Doch um eine solche Erkenntnis ringen selbst buddhistische Mönche in ihrem Leben oft vergeblich. Wie kann ich da einem stressgeplagten, verzweifelten Normalbürger raten: »Begreifen Sie, dass es niemanden gibt, dem all dies widerfährt«? Praktischer ist da wohl die – ebenfalls buddhistische – Methode, bestimmte Zusammenhänge zwischen Ursache und Wirkung herauszufinden. Wo, in welchem Umfeld fühle ich mich gestresst? Was macht mir am meisten zu schaffen? Hat es mit der Art meiner Arbeit zu tun? Habe ich das Gefühl, nicht mithalten zu können? Gibt es einen starken inneren Widerstand, und wogegen richtet er sich? Ist die Arbeitsatmosphäre unangenehm, vielleicht sogar unerträglich? Liegt es an bestimmten Personen, die mich schikanieren, vor denen ich Angst habe oder mit denen ich immer wieder in Streit gerate? Oder hasse ich im Grunde diese Art von Arbeit und mache sie nur, um ein halbwegs gesichertes Einkommen zu haben?

Habe ich mich verschuldet und bin in finanziellen Schwierigkeiten? Das ist neben Problemen am Arbeitsplatz ein immer häufiger auftretender und ernst zu nehmender Stressor, also ein Auslöser von negativem Stress. Ja, es gibt auch eine Art positiven Stress, den so genannten Eustress, der zwar Anspannung mit sich bringt, zugleich aber auch Körper und Geist belebt. Sportler zum Beispiel stehen bei Wettkämpfen zwangsläufig unter Stress, doch der wird meist als positiv erfahren und ist nicht gesundheitsschädlich. Ich spreche hier von dem negativen Stress.

Ein wichtiger und für den Betroffenen meist nicht so leicht zu durchschauender Bereich ist das Familien- und Privatleben. Stress in der Partnerschaft: Gibt es oft Streit? Und worum geht es da? Gibt es ein Thema, das immer wiederkehrt? Oder mangelt es an offener Kommunikation? Haben Sie Angst, bestimmte Dinge mit Ihrem Partner offen anzusprechen? Was sind die Problempunkte? Geld, Sex, soziale Stellung, Gesundheit, Verwandte, Kinder?

Ich habe hier einige Fragen zu verschiedenen Lebensbereichen genannt, die ich, je nach Gesprächsverlauf, auch meinen Patienten stelle. Es gibt natürlich sehr viel mehr Fragen. Und je gezielter sie gestellt werden, desto besser. Jede einzelne Frage führt Sie zu mehr innerer Klarheit, und die kann hier bereits den Stress auflösen und heilend wirken.

Es ist oft leichter, sich einem Arzt oder Therapeuten zu öffnen, doch letztlich wissen Sie selbst am besten, wo der Schuh drückt. Deshalb können Sie sich selbst erforschen, das Problemfeld einkreisen und sich gerade jene Fragen stellen, die Ihnen am unangenehmsten sind. Das erfordert ein erhebliches Interesse, etwas zu verändern, und ein gutes Maß an Selbstdisziplin. Doch für jedes Problem gibt es eine Lösung. Grundsätzlich ist eine Öffnung nach außen hilfreich. Ein Psychologe, Therapeut oder Arzt, ein Freund, der Partner, auch der Steuerberater oder ein Kollege können die entscheidenden Tipps beisteuern. Dennoch: Alle von außen kommenden Ratschläge nützen nichts, wenn Sie sich weigern, das Problem zu sehen, oder die Bereitschaft fehlt, es lösen zu wollen.

Eine vielleicht noch tiefer gehende Methode besteht darin, bei jeder Art von negativem Stress genau hinzuspüren, was jetzt tatsächlich *ist* – und das immer wieder. Stress wird letztlich niemals durch die tatsächliche Situation ausgelöst, sondern durch unsere Gedanken dazu. Jemand hat Angst vor dem morgigen Arbeitstag und kann nicht schlafen. Sein Herz rast. Die Arbeit hat noch nicht begonnen. Er stellt sich nur vor, was alles passieren könnte, vor allem die negativen Dinge. Das Leben ist aber voller Überraschungen. Wir wissen nicht, was der nächste Moment bringt. Jetzt ist: im Bett liegen. Ich kann das doch entspannt genießen. Auf den Atem achten, die Gedanken vorbeiziehen lassen, vielleicht einer entspannenden Musik lauschen oder den Geräuschen der Nacht. Auch das erfordert eine Art Selbstdisziplin sowie das Verstehen, dass dieser Moment, jetzt, mit all den aufkommenden Gedanken alles ist, was ist.

Bluthochdruck senken

Zu hoher Bluthochdruck bedeutet ein gesundheitliches Risiko. Herz und/oder Gehirn können aufgrund mangelnder Durchblutung versagen. Ich habe schon ausgeführt, welche psychischen Faktoren hier die Ursache sein können. Und wie jeder weiß, sind auch Rauchen sowie übermäßiger Alkoholkonsum gesundheitsschädlich; sie erhöhen unter anderem ebenfalls den Blutdruck. Doch mit dem Rauchen und Trinken aufzuhören erfordert wiederum Willen und Einsicht, seelische Qualitäten also, die in einem komplexen psychosozialen Zusammenhang stehen.

Ich möchte hier nur einige praktische Tipps geben, wie man den Blutdruck senken kann. Damit wird nicht die Ursache behoben. Eher geht es hier um Alternativen oder Ergänzungen zu Medikamenten wie Betablockern. Allerdings sollten Sie die beschriebenen Maßnahmen in jedem Fall mit Ihrem Arzt besprechen, falls Sie wegen Bluthochdrucks in Behandlung sind.

Ernährung

Suchen Sie sich einige der folgenden Tipps aus:
• Trinken Sie ein Glas Mangosaft und etwa eine Stunde später ½ Tasse warme Milch mit einer Prise Kardamom, einer Prise geriebener Muskatnuss und 1 Teelöffel Ghee.
• Geben Sie 1 Teelöffel Koriander und 1 Prise Kardamom in eine Tasse frisch ausgepressten Pfirsichsaft. Dreimal täglich trinken.
• Mung-Dal-Suppe, die aus Mung Dal mit frischen Korianderblättern, Kreuzkümmel und einer Prise Kurkuma hergestellt wird, hilft ebenfalls gegen Bluthochdruck. Am besten gleich morgens vor dem Frühstück einnehmen.
• Meiden Sie Salz, fettreiche, gebratene Speisen und starke Gewürze.
• Kräutermischung aus 1 Teil Punarvava, 1 Teil Passionsblume, 2 Teilen Weißdornbeere. ½ Teelöffel dieser Mischung 5 bis 10 Minuten in einer Tasse heißem Wasser ziehen lassen und nach dem Mittag- und Abendessen trinken.
• Wasser: Legen Sie 1 oder 2 Rudraksha-Perlen über Nacht in ein Glas Wasser und trinken Sie das am nächsten Tag.

Meditation

Regelmäßig still zu sitzen hilft nachweislich gegen Bluthochdruck – und das ebenso gut wie die üblichen Medikamente. Die Ruheposition des Yoga, Savasana genannt, ist hier besonders zu empfehlen. Legen Sie sich flach auf den Rücken, wobei sich die Arme an den beiden Körperseiten befinden. Verfolgen Sie das Fließen Ihres Atems. Sie werden feststellen, dass nach dem Ein- und nach dem Ausatmen jeweils eine kurze natürliche Pause eintritt. Bleiben Sie während dieses Innehaltens ein paar Sekunden lang völlig ruhig (vgl. auch die im dritten Teil beschriebene »Vipassana-Meditation«, Seite 213 ff.).

8 KONZENTRATIONSSCHWÄCHEN UND HYPERAKTIVITÄT MEISTERN

Verstand und Seele

In der westlichen Welt definiert sich fast jeder über seinen Verstand und dessen Leistungsfähigkeit. Dementsprechend ist es zu einem schwer wiegenden Problem geworden, wenn sich jemand nicht auf eine Sache konzentrieren kann oder Worte und Ereignisse vergisst. Menschen über 60 berichten mir voller Sorge, wie ihr Gedächtnis nachlässt. »Habe ich Alzheimer?« Dazu gibt es ganz unterschiedliche Antworten auf verschiedenen Ebenen des Verstehens.

Grundsätzlich: Ayurveda setzt den Kern eines Menschen nicht mit seinem Verstand und seiner Gedächtnisleistung gleich. Auch jemand, der alles gleich wieder vergisst – wie manche Alzheimerpatienten im fortgeschrittenen Stadium oder auch andere Menschen mit Gehirnschäden –, gilt im Ayurveda als bewusstes Wesen, als Verkörperung dieses einen, allumfassenden kosmischen Bewusstseins. Sich seiner persönlichen Geschichte erinnern zu können ist fast nebensächlich. Die Persönlichkeit muss ohnehin sterben. Viel wichtiger ist das Zentrum, das Herz, das innerste Wesen des Menschen. Der Verstand und das Gedächtnis verhalten sich dazu etwa so wie ein Finger zum gesamten Körper. Geht ein Finger verloren, so tut das weh, aber der Gesamtorganismus bleibt erhalten. Gehen der Verstand und das persönliche Bewusstsein verloren, erscheint das auf der relativen Ebene unseres Menschseins als das Ende. Das Leben selbst – und damit der Kern eines jeden Wesens – wird dadurch jedoch nicht berührt.

Diese Einstellung mag dem rational-wissenschaftlichen Verständnis unserer Zeit fremd sein. Andererseits kümmern wir uns um die alten Menschen mit Alzheimer. Wir lieben unsere Mutter noch immer, auch wenn sie uns nicht mehr erkennt. Unser Herz weiß, dass der Mensch mehr ist als der Verstand und seine Gedächtnisleistung. Dieses Wissen ist Liebe, und wir dürfen uns auf keinen Fall davon abbringen lassen.

Wenn wir bemerken, dass unsere Konzentration und unser Gedächtnis nicht mehr so gut funktionieren wie vor 10 oder 30 Jahren, sollten wir nicht in Panik geraten. Es gibt Kräuter, Pillen und Übungen, die helfen – doch, wie alles im Leben, nur vorübergehend. Am besten hilft die Erkenntnis, dass alles vergeht, dass wir aber zugleich von der ewigen und unendlichen Kraft des Lebendigen getragen werden.

Aufmerksamkeitsstörungen

Eine psychologisch andere Situation ist bei dem Phänomen der Aufmerksamkeitsstörungen (ADHS = Aufmerksamkeits-Defizit-Hyperaktivitäts-Störung) gegeben. Es betrifft vor allem Kinder und Jugendliche. Bekanntlich leiden immer mehr Schulkinder – angeblich schon bis zu 20 Prozent – unter dem »Zappelphilipp-Syndrom«. Ich hatte einige Fälle, in denen Mütter mit ihren Kindern zu mir kamen und beide sich einer ayurvedischen Behandlung unterzogen. Hier ist es nicht angebracht, auf den Unterschied zwischen der Vergänglichkeit des Verstandes und der Unvergänglichkeit der Seele hinzuweisen. Das Kind hat ja noch sein ganzes Leben vor sich.

Nach neueren medizinischen Forschungen ist das Aufmerksamkeitsdefizitsyndrom oft genetisch bedingt. Es ist also durchaus möglich, dass die Eltern eines Kindes, das in der Schule durch sein »unaufmerksames« Verhalten auffällt, selbst Probleme mit der Konzentration haben. Schon deshalb ist es gut, wenn die Eltern oder ein Elternteil gemeinsam mit dem »verhaltensauffälligen« Kind zur Ayurveda-Behandlung kommt.

Es gibt aus ayurvedischer Sicht gute Alternativen zur gängigen Behandlung mit pharmazeutischen Mitteln wie Ritalin. Sehr oft ist die Aufmerksamkeitsstörung eine Folge von Stress. Ich halte ADHS für eine der typischen Zivilisationskrankheiten. In der klassischen Ayurveda-Literatur gibt es keine Hinweise auf ein solches Phänomen, bei dem Kinder derart überempfindlich reagieren. Es hat entweder tatsächlich – wie manche glauben – mit einer genetischen Veränderung zu tun, die auf völlig neue Umweltbedingungen vorbereitet. Oder aber, und das schließt sich nicht aus, es handelt sich um eine Reaktion des Organismus auf die heutige Reizüberflutung.

In jedem Fall hat sich in meiner Praxis gezeigt, dass die Symptome der Hyperaktivität und Unkonzentriertheit durch eine gezielte Ayurveda-Behandlung innerhalb einer mehrtägigen Kur mit entsprechender Ernährung, Massagen und Verhaltensänderungen deutlich zurückgingen. Das garantiert keine dauerhafte Lösung des Problems. Doch es kann in eine neue Richtung weisen. Wer sich nach der Kur an den Ernährungs- und Verhaltensplan hielt, konnte mir von erstaunlichen Verbesserungen berichten. Die Kinder verbesserten sich in ihren schulischen Leistungen und wurden insgesamt ausgeglichener.

Doshas und Behandlung

Auch hier ist die Differenzierung nach den drei Doshas und ihrem Ungleichgewicht wichtig. Wie kaum anders zu erwarten, ist der Vata-Typ von ADHS besonders betroffen. Die enorme Beweglichkeit des Geistes und die Überempfindlichkeit, die mit einer Dominanz des Elements Äther/Luft einhergehen, führen dazu, dass sich das Kind von den vielen Eindrücken ablenken lässt. Stets wird seine Phantasie angeregt. Es geht spontan seinen Eingebungen und Impulsen nach, ohne sich um die äußere Ordnung zu scheren. Das hat manchmal durchaus Genie-Qualität.

Tatsächlich sehen manche Wissenschaftler heute in Mozart oder Einstein Fälle von ADHS. Ob wir das nun an Vorgängen im Gehirn oder ganz handfest psychologisch erklären: Wer sich nur um die inneren Eingebungen und nicht um soziale Werte kümmert, hat relativ gute Chancen, entweder als Genie in die Geschichte einzugehen oder unbekannt in der Psychiatrie zu landen.

Was bei jedem Vata-Überschuss gut tut, hilft auch hier: Erdung. Das geschieht durch regelmäßige warme Mahlzeiten, durch Regelmäßigkeit in möglichst vielen Lebensbereichen. Wenigstens neun Stunden Schlaf, für Kinder zwischen acht und zwölf Jahren möglichst von 22 bis 7 Uhr. Regelmäßig nachmittags Hausaufgaben machen. Die Eltern sollten so oft wie möglich zu einer praktischen Arbeit im Haushalt oder Garten anregen.

Bei einem Überschuss an Pitta kann sich die Überempfindlichkeit leicht in Aggression entladen. Das sind die typischen Störenfriede im Unterricht, die natürlich jedem Lehrer ein Dorn im Auge sind. Sie werden oft durch problematische Psychopharmaka wie Ritalin ruhig gestellt. Dabei können gezielte ayurvedische Behandlungen, die Pitta abbauen, viel besser wirken. In erster Linie geht es darum, das hyperaktive (Pitta-)Kind in die Entspannung zu führen. Das ist nicht so einfach. Die hilfreichen Mittel sollten an einen Anreiz gekoppelt sein, der den Ehrgeiz des Kindes herausfordert.

Die Ernährung spielt wie immer eine wichtige Rolle. Cola und Zucker sind Gift. Eltern oder Lehrer müssen versuchen, die Intelligenz des Kindes zu seinem eigenen Vorteil anzuregen und zu nutzen. Das kann durch eine ruhige Erklärung der Situation geschehen, etwa so: »Pass mal auf: Du weißt ja, dass du mit dieser Gereiztheit oft in Schwierigkeiten kommst. Aber das liegt auch daran, was du trinkst und isst. Alles, was du aufnimmst, wirkt auf dein Gehirn. Zu viel Coca-Cola zum Beispiel macht dich unruhiger. Du fühlst dich dann nicht mehr gut. Probier es doch mal aus! Drei Tage lang kein Cola. Was ändert sich?« Das ist nur ein Beispiel.

Bei manchen hyperaktiven Kindern haben Zucker und Cola tatsächlich verheerende Wirkungen.

Doch noch wichtiger ist es, dem Kind die Bedeutung von Entspannung und Meditation zu vermitteln. Ein hyperaktives (Pitta-) Kind könnte damit gelockt werden: »Versuch doch mal, fünf Minuten ganz still zu sitzen und nichts zu tun. Ich wette, das schaffst du nie!« (Eventuell: »Wenn du das schaffst, darfst du…«) So könnte das Kind den Wert der Stille für sich entdecken. Das wäre ein gewaltiger Schritt, nicht nur aus der Hyperaktivität heraus!

Zu viel Kapha im Zusammenhang mit ADHS führt zu dem weniger auffälligen »Träumertyp«. Das Kind ist einfach nicht bei der Sache, schweift ständig ab, hat kein Interesse am Unterricht. Der soziale Störfaktor ist relativ gering. Deshalb wird hier in der Regel auch weniger mit Psychopharmaka interveniert. Diesem Typ müssen konkrete Anreize im Alltag geboten werden – Anreize, aktiv zu werden. Das könnte ähnlich laufen wie bei der Wette, die ich beim Pittakind beschrieben habe. Es ist zunächst einmal nicht viel anders als bei einem Hund: »Spring, und du kriegst ein Leckerli!« Wir sollten uns an den Gedanken gewöhnen, dass unser ganzes Überlebensprogramm so ähnlich funktioniert wie das aller anderen Lebewesen.

Es gibt durchaus Alternativen zu den viel zu oft und zu schnell verschriebenen Psychopharmaka wie Ritalin. Zum einen hilft da eine bessere Ernährung, eventuell können auch Nahrungsergänzungsmittel wie die AFA- oder Spirulinaalgen hilfreich sein. Und natürlich sind Meditations- und harmonisierende Übungen wie Qigong, Taiji, Yoga, Feldenkrais und andere sehr zu empfehlen.

9 ALLERGIEN VERHINDERN

Was sind Allergien?

Als Allergie bezeichnet man eine Überreaktion des Immunsystems. Der Organismus reagiert überempfindlich, wobei oft unbewusste psychologische Faktoren eine Rolle spielen. Ein intaktes Immunsystem wehrt schädliche Fremdstoffe wie Gifte oder Viren ab. Das ist seine natürliche Aufgabe. Bei Allergien gelten die Abwehrmaßnahmen jedoch eigentlich harmlosen Stoffen wie Blütenpollen, Hausstaub oder Tierhaaren. Es handelt sich also um eine Art Fehleinschätzung des Immunsystems, und die übertriebenen Abwehrreaktionen werden selbst zum Problem. Das kann viele Bereiche betreffen: Die Atemwege können blockiert werden (Bronchialasthma). Die Haut rötet sich, juckt, bildet Ausschläge (Neurodermitis). Die Nase läuft (Heuschnupfen) oder der Magen-Darm-Trakt streikt. Und es gibt noch sehr viel mehr allergische Symptome.

Allergien gelten als Volkskrankheit. Jeder dritte Deutsche ist Allergiker, schätzt der Ärzteverband Deutscher Allergologen. – Tendenz steigend. Zugleich zeigt sich die westliche Medizin hilflos. Sie konnte bisher weder die Ursachen noch ein wirksames Medikament finden. Festgestellt werden konnte, dass weiße Blutzellen, die B-Lymphozyten, bei der Erkennung und Bekämpfung von schädlichen Fremdstoffen (Allergenen) eine wichtige Rolle spielen. Sie produzieren Gegenstoffe wie Histamin und lösen damit allergische Symptome aus – nur eben immer häufiger auch bei eigentlich harmlosen Einflüssen der Außenwelt.

Wie kommt es zu dieser Fehleinschätzung? Da sich diese Prozesse auf der Ebene der Zellen abspielen, scheint der Verstand keinen Einfluss zu haben – oder doch?

In den vergangenen Jahrzehnten haben sich die Allergien gerade in den westlichen, hoch zivilisierten Ländern vervielfacht. Es wäre falsch zu sagen, dass allergische Reaktionen bewusst herbeigeführt werden – vor allem, wenn man es mit einem kleinen Kind zu tun hat, das von Hautausschlägen übersät ist und sich blutig kratzt oder das kaum Luft bekommt.

Es handelt sich zweifellos um eine Abwehrreaktion. Doch Abwehr wogegen? Ist es womöglich eine Art kollektive Schutzreaktion gegen die Welt, wie sie heute ist? Die Frage ist so abwegig nicht. Wissen wir nicht längst, wie die Erde rücksichtslos zerstört wird? Man denke nur an die Abholzung der Regenwälder, die Vergiftung der Natur mit all ihren Elementen usw. Im Ayurveda spricht man hier von einer Unausgewogenheit der Doshas auf globaler Ebene. Und da alles zusammenhängt, wirkt sich das Ungleichgewicht natürlich auch auf jedes einzelne Lebewesen, ja auf jede einzelne Zelle aus. Es könnte doch sein, dass der Organismus gleichsam Antennen für die kollektive Bedrohung etwa durch die weltweite Umweltverseuchung hat? Auf die unmittelbare Umgebung mag er überreagieren, aber auf die Gesamtsituation bezogen zeigt er typische Schutzreaktionen und gibt damit Warnsignale.

Doch wie dem auch sei – zunächst müssen wir von den konkreten Fällen und deren Behandlungsmöglichkeiten ausgehen.

Herkömmliche medizinische Ratschläge

Zunächst einige wichtige allgemeine Tipps seitens der Schulmedizin, die mit Ayurveda übereinstimmen:

• Säuglinge sind, was Allergien betrifft, besonders gefährdet. Sie sollten mindestens in den ersten sechs Lebensmonaten nur Muttermilch trinken. Das ist die beste Vorbeugung gegen Allergien.

• Sauberkeit im Haushalt ist vor allem dann wichtig, wenn Sie bereits Allergiker sind. Richten Sie sich möglichst allergenarm ein: Bettwäsche und Matratze sollten keine tierischen Produkte enthalten, zum Beispiel Rosshaare oder Federn. Optimal geeignet ist Allergikerbettwäsche, die bei 90 Grad waschbar ist. Bei der Kleidung sind vorgewaschene, glatte und möglichst ungefärbte Baumwollstoffe ideal. Wollkleidung und Synthetikstoffe können dagegen Ekzeme hervorrufen. Auch Felltiere und Schaffelle im Kinderzimmer sind bei Allergikern nicht zu empfehlen. Staubfänger wie Teppichböden, Polstermöbel, Topfpflanzen und offene Regale sollten reduziert werden. Auch bedeuten behaarte Haustiere für Allergiker ein Risiko.

• Ein Neurodermitisschub kann ausgelöst werden von: Infektionen der Haut durch Viren oder Bakterien, Tabakrauch, Austrocknung der Haut durch falsche Körperpflege, psychische Belastungen oder auch Hausstaubmilben, Pollen oder Schimmelpilze. Auch Nahrungsmittelallergene können zu einer Verschlechterung des atopischen Ekzems beitragen, zumal Nahrungsmittelallergien bei Neurodermitikern häufiger sind als in der übrigen Bevölkerung. Meist wirken mehrere Umweltfaktoren zusammen, so dass die Suche nach den auslösenden Faktoren langwierig und kompliziert sein kann. Zusätzlich zu dieser Suche sind eine medikamentöse Therapie und begleitende Maßnahmen sinnvoll, um die Krankheit in den Griff zu bekommen.

Behandlung

• Antihistaminika lindern den Juckreiz bei Neurodermitis. Sie blockieren die Wirkung des aus den Mastzellen freigesetzten Histamins, das an der Juckreizentstehung beteiligt ist. Neuere Antihistaminika wirken zusätzlich entzündungshemmend und tragen so dazu bei, dass andere Medikamente wie Cortisoncremes und

-salben reduziert werden können. Außerdem weisen neuere Antihistaminika ein verbessertes Sicherheitsprofil auf (beispielsweise machen sie nicht mehr müde).

• Cortison, Bufexamac: Cortisonsalben werden bei akuten Neurodermitisschüben wegen ihrer stark entzündungshemmenden Wirkung eingesetzt. Cortisol ist ein körpereigenes Hormon, das vielfältige regulative Funktionen im Stoffwechsel und im Immunsystem übernimmt. Die neuere Generation der Cortisonsalben ist besonders hautverträglich. Der Wirkstoff dringt schnell in die Haut ein. Aber erst in der entzündeten Hautschicht entsteht durch biochemische Umwandlung die wirksame Form des Cortisons. Nachdem sich die Wirkung entfaltet hat, wird das Cortison schnell wieder inaktiviert, so dass bei kurzfristiger und sachgemäßer Anwendung keine Nebenwirkungen zu erwarten sind. Auf eine innerliche Cortisonbehandlung sollte vor allem bei Kindern unter sechs Jahren möglichst verzichtet werden, da Cortison unter anderem zu Wachstumsstörungen führen kann. Eine Alternative bietet das schwächer wirkende Bufexamac, das ebenfalls den Juckreiz lindert und Entzündungen hemmt.

• Immunmodulatoren/Calcineurin-Inhibitoren: Mit den Wirkstoffen Tacrolimus und Pimecrolimus stehen zwei entzündungshemmende Medikamente zur Verfügung, die in ihrer therapeutischen Wirkung den Cortisonsalben vergleichbar sind. Anders als diese führen sie jedoch auch bei längerer Anwendung nicht zu einer Verdünnung der Haut. Sie sind daher auch für besonders empfindliche Stellen an Gesicht und Hals geeignet. Tacrolimussalbe (Protopic) und Pimecrolimus-Creme (Elidel) gibt es für Erwachsene und Kinder ab zwei Jahren. Der Wirkstoff Tacrolimus ist aus der Transplantationsmedizin bekannt, wo er zur Hemmung von Abwehrreaktionen des Immunsystems eingesetzt wird.

• Antibiotika: Vor allem durch Kratzverletzungen kommt es leicht zu bakteriellen Begleitinfektionen der Haut. Eine kurzfristige Antibiotikabehandlung kann die Infektion schnell bekämpfen.

• UV-Bestrahlung: Sonne oder die gezielte Anwendung von ultravioletter Strahlung (UV-A, UV-A-1, UV-B, UV-B 311 nm) kann sich wohltuend auf die strapazierte Haut von Neurodermitikern auswirken. Bei Kindern und lichtempfindlichen Menschen ist die UV-Bestrahlung jedoch wegen eines möglicherweise erhöhten Hautkrebsrisikos nur begrenzt anwendbar.

• Klimatherapien: Stationäre Rehabilitationsmaßnahmen in Regionen mit Reizklima (Nord- oder Ostsee, Hochgebirge) können in vielen Fällen als Ergänzung zur Schulmedizin eine lang anhaltende Besserung der Symptome bewirken. Besonders die Kombination von erhöhter UV-Strahlung und reiner, kühler, salzhaltiger Luft hilft oftmals, das Hautbild zu verbessern und das Immunsystem zu stärken. Ergänzend können Meerwasserbehandlungen (zum Beispiel Ölbäder, Lotionen, Salben) zur Linderung der Symptome hilfreich sein.

• Hautpflege: Die Haut von Neurodermitikern ist besonders trocken. Ausgetrocknete Haut führt zu Juckreiz, sie entzündet sich leichter und ist empfindlicher gegenüber Umweltreizen. Deshalb sollte auch in beschwerdefreien Zeiten auf eine feuchtigkeitsregulierende Hautpflege geachtet werden (Fettsalben, Lotionen, Ölbäder und Harnstoffsalben).

Doshas und ayurvedische Behandlung

Natürlich werden auch Allergien im Ayurveda je nach Konstitutionstyp bzw. erhöhten Doshas unterschiedlich behandelt. Wie gesagt entspricht vieles von dem, was in der westlichen Schulmedizin bisher herausgefunden wurde, durchaus ayurvedischen Erkenntnissen.

Vata

Für Allergien des Vata-Typs sind Blähungen, Magenbeschwerden und manchmal Darmkoliken typisch. Sie können sich auch in Hustenanfällen, Niesen, Kopfschmerzen, Ohrenklingen (Tinnitus) oder Schlaflosigkeit äußern. Aus den tausenden von Kräutern, die im traditionellen Ayurveda verwendet werden, habe ich hier – wie auch sonst im Buch – einige der bekanntesten ausgewählt, die auch in Deutschland erhältlich sind (siehe Versandadressen).

- Eines der wirksamsten Heilmittel zur Behandlung von Allergien des Vata-Typs sind Einläufe (Basti) mit Dashamula-Tee. Kochen Sie 1 Esslöffel der Dahamula-Kräutermischung 5 Minuten lang in etwa 0,5 Liter Wasser. Abkühlen lassen, abgießen und als Einlauf verwenden. Generell ist zum Einlauf zu sagen: Sie sollten möglichst mehrere Stunden zuvor nichts gegessen haben. Sie benötigen dazu eine Einlaufspritze bzw. einen Einlaufbeutel. Es ist üblich, zunächst 0,15 Liter warmes Sesamöl einzuführen. Danach wird der Einlauf mit dem Kräutertee gemacht. Dieser sollte möglichst 30 Minuten im Körper bleiben, während Sie entspannt liegen.

- Folgende Kräutermischung ist – als Tee getrunken – ebenfalls sehr wirksam:

1 Teil Ashwagandha

1 Teil Bala

1 Teil Vidari

Überbrühen Sie dreimal täglich ½ Teelöffel des Pulvers mit warmem Wasser. Es wirkt lindernd auf alle Vata-Allergien.

Pitta

Die typische Pitta-Allergie zeigt sich in juckenden Hautausschlägen, Entzündungen und Ekzemen.

• Als beruhigendes Kräuterheilmittel empfehle ich:
8 Teile Shatavari
½ Teil Kama-Dudha
1 Teil Guduchi
½ Teil Shanka-Bhásma
Nehmen Sie zwei- bis dreimal täglich ½ Teelöffel dieser Mischung nach den Mahlzeiten mit etwas warmem Wasser ein.

• Bei zu starkem Pitta rät Ayurveda im Frühsommer zu einem Aderlass (Rakta-Moksha), um das Blut zu reinigen. Als Pitta-Typ können Sie zu dieser Zeit also beispielsweise zu Ihrem eigenen Gewinn Blut spenden.

• Auch das Heilkraut Klette trägt zur Blutreinigung bei. ½ Teelöffel davon in eine Tasse kochend heißes Wasser geben und zwei- bis dreimal täglich trinken.

Kapha

Kapha-Allergien zeigen sich meist in Form von Husten, Erkältung, Asthma oder Heuschnupfen.

• Diese Beschwerden können mit folgendem Kräuterrezept gemildert werden:
4 Teile Sitopaladi
4 Teile Yashti-Madhu
⅛ Teil Abrak-Bhasma
Nehmen Sie dreimal täglich etwa ½ Teelöffel der Mischung mit Honig ein.

• Kapha-Allergien haben meist mit einem Übermaß an Kapha in Magen und Lunge zu tun. Dies kann durch eine sanfte Reinigungstherapie mit Leinsamenöl behandelt werden: Nehmen Sie zwei bis drei Tage lang zwei- bis dreimal täglich 1 Teelöffel Leinsamenöl ein.

• Stellen Sie Ihre Ernährung entsprechend Ihres Typs um (siehe dazu Empfehlungen Seite 223 ff.).

• Vermeiden Sie unverträgliche Nahrungsmittelkombinationen wie Milch und Jogurt, Fleisch und Milchprodukte, Obst und Getreide sowie alle Milchmixgetränke.

• Meiden Sie die Ursache der Allergie, die Allergene. Das können Katzenhaare, Pollen oder synthetische Fasern wie Polyester sein.

• Tragen Sie Neemöl auf die Haut auf. Das desinfiziert und minimiert den Kontakt mit den Allergenen.

• Meditieren Sie regelmäßig, um Stress zu reduzieren. (10)

Kulturen und Hormone

Die Monatsblutung der Frau wurde in vielen alten Kulturen mit großem Respekt behandelt, vor allem natürlich in den matriarchalen, wo die Frau in der Gemeinschaft die wichtigste Rolle spielte. In der modernen Gesellschaft nach westlichem Vorbild gilt die Frau dem Mann zwar in allen Lebensbereichen als gleichberechtigt. Das heißt aber vor allem, dass sie durchwegs auch gleichermaßen leistungsfähig sein muss. Naturgemäß braucht sie aber während ihrer Periode eine Rückzugsmöglichkeit. In dieser Phase ist sie nun einmal besonders empfindlich und oft geschwächt. Sie muss aber in ihrem Beruf und in der Familie jederzeit »ihren Mann stehen«.

Nicht alle Frauen leiden unter Menstruationsbeschwerden, doch immerhin 30 bis 50 Prozent. Schon Tage vor der Monatsblutung plagen sie oft Kopf- und Unterleibsschmerzen, Müdigkeit, Gereiztheit oder depressive Stimmungen. Sie möchten am liebsten zu Hause für sich sein – ein inneres Bedürfnis, das in den Stammeskulturen der Indianer oder australischen Aborigines zum Teil bis heute erfüllt wird. Während der Menstruation dürfen Frauen abgeschieden für sich sein und sich um sich selbst kümmern.

In der westlichen Medizin wird zwischen zwei Symptomen unterschieden, die vor über 2000 Jahren auch Gelehrte wie Charaka bereits zu unterscheiden wussten. Das prämenstruelle Syndrom (PMS) betrifft – wie der Name schon sagt – die Zeit vor der eigentlichen Monatsblutung. Da tauchen Kopfschmerzen und Selbstzweifel auf, nicht selten kommt es auch zu Wutausbrüchen und heftigen Schuldzuweisungen. Das kann bereits zwei Wochen vor der eigentlichen Blutung beginnen und sich bis dahin steigern. Mit dem Einsetzen der Regel hört das meist auf.

Im Unterschied dazu gibt es die Regelschmerzen (Dysmenorrhoe), die erst mit der Monatsblutung einsetzen. Das können Krämpfe und Schmerzen im Unterleib oder Rücken sein, aber auch ähnliche Symptome wie beim PMS: Kopf- und Unterleibsschmerzen, Verstimmungen, Gereiztheit usw. Deshalb empfiehlt die westliche Medizin für beides ähnliche Therapien, obwohl die Situation jeweils anders gelagert ist.

Als eine gemeinsame Ursache für beide Symptome wird meist ein Ungleichgewicht im Hormonhaushalt angeführt. In der Praxis hat sich das regelmäßige Einnehmen der Antibabypille bewährt. Sowohl hormonell bedingte Schmerzen als auch psychische Beschwerden können durch das Verhütungsmittel nachlassen.

Es gibt auch rezeptfreie Schmerzmittel, die Ibuprofen, Paracetamol oder Acetylsalicylsäure enthalten und die bei Unterleibs-, Rücken- und Kopfschmerzen helfen können. Oder krampflösende Mittel wie Butylscopolamin, das ebenfalls ohne Rezept erhältlich ist. Die Apotheken bieten auch rein pflanzliche Produkte an, zum Beispiel Extrakte der Traubensilberkerze oder des Mönchspfeffers. Gegen depressive Verstimmungen haben sich Johanniskrautzubereitungen bewährt.

In der westlichen Medizin werden mittlerweile auch Maßnahmen empfohlen, die aus dem Ayurveda stammen:

Ernährungsumstellung: Salzarme, vitaminreiche Kost wie Vollkornprodukte, frisches Obst und Gemüse, Fisch und Geflügel sowie pflanzliche Öle mit ungesättigten Fettsäuren sollten vor allem bei Frauen mit PMS auf dem täglichen Speiseplan stehen. Wer unter Dysmenorrhoe leidet, kann krampfartigen Beschwerden mit magnesiumreichen Lebensmitteln, zum Beispiel Milch- und Vollkornprodukten, Kartoffeln und Nüssen oder mit Magnesiumpräparaten aus der Apotheke vorbeugen.

Bewegung: Laufen, Radfahren, Schwimmen oder Gymnastik

können vor allem vor der Regelblutung für Ablenkung und Ausgleich sorgen. Anderen helfen eher Atemübungen, Autogenes Training oder Yoga. Ein warmes Bad mit Heilpflanzenölen oder eine Wärmflasche entspannen ebenfalls. Erlaubt ist, was gut tut! (11)

Der tiefere Grund

Solche Ratschläge sind noch nicht wirklich Ayurveda. Zum einen berücksichtigen sie nicht die Unterschiede in den Doshas, zum anderen gehen sie nicht auf das tiefer liegende psychische Problem ein. Ich halte es für möglich, dass die mit der Periode verbundenen körperlichen und seelischen Beschwerden – ähnlich wie die Allergien – etwas mit dem kollektiven Unbewussten zu tun haben. Seit Jahrtausenden wird die Frau unterdrückt – vielerorts auch heute noch, nicht nur in islamischen Ländern, sondern auch im »demokratischen« Indien, in meiner Heimat Sri Lanka, in China, Afrika, Südamerika und vielen anderen.

Neben und inmitten all der Kriege zwischen Völkern und Nationen hat es immer einen wenn auch nicht offen ausgetragenen Krieg zwischen Mann und Frau gegeben. In der Regel sind die Frauen gegen jeden Krieg, in dem ihre Kinder für Ideologien und Machtansprüche sterben müssen. Das Wesen der Frau, ihr Herz wurde in den vergangenen Jahrtausenden stets unterdrückt. Ist es verwunderlich, dass sie gerade in dem ihr ganz eigenen Bereich des weiblichen Körpers Wunden davongetragen hat?

Es mag durchaus hilfreich sein, die Pille oder andere Hormonpräparate zu nehmen, zu joggen und die Ernährung umzustellen. Doch noch wichtiger ist es zu vergeben. Sie werden vielleicht als Frau bemerkt haben, dass zu den psychischen Beschwerden vor und während der Menstruation auch schwere Albträume gehören. Sie träumen von Gemetzel, Dämonen und Vergewaltigungen. Sie sind das Opfer und wachen schweißgebadet auf. Auch das gehört zum

PMS, was allerdings selten erwähnt wird. Hier kommt das kollektive Unbewusste zum Vorschein, das, was unzählige Frauen vor Ihnen erlebt haben und was in der Seele gespeichert ist. Ein solcher Traum aus dem kollektiven Unbewussten wirkt sich garantiert auf Ihr Erleben im Alltag aus. Wenn es eine Therapie gibt, die sich auch positiv auf PMS und Regelschmerzen auswirkt, dann besteht sie in Meditation, Kontemplation, Verstehen und Vergebung.

Doshas und Behandlung

Beim PMS unterscheidet Ayurveda drei Arten, die den Doshas entsprechen und demgemäß auch unterschiedlich behandelt werden.

Wichtig: Bei den Empfehlungen zur Selbstbehandlung handelt es sich um ein Präventivprogramm, mit dem Sie eine Woche vor dem erwarteten Beginn der Monatsblutung beginnen sollten.

Vata

Der Vata-Typ hat vor allem Schmerzen im unteren Rücken und Unterbauch. Er leidet unter Angstgefühlen, Schlaflosigkeit und starken Stimmungsschwankungen.

• Trinken Sie zweimal täglich Dashamula-Tee: ½ Teelöffel Dashamula-Pulver 10 Minuten in einer Tasse heißem Wasser ziehen lassen.

• Essen Sie ab einer Woche vor Beginn der Menstruation täglich auf nüchternen Magen 10 Kirschen.

• Nehmen Sie zweimal täglich 1 Tablette Kaishore-Guggulu oder Yogaraj-Guggulu ein (siehe Bestelladresse im Anhang).

• Nehmen Sie dreimal täglich vor dem Essen 1 Esslöffel Aloe-Vera-Gel mit einer Prise schwarzem Pfeffer ein, bis die Symptome abklingen.

Pitta

Zu den Symptomen der Pitta-PMS zählen Empfindlichkeit der Brüste, Harnröhrenentzündung, Ausschlag, Hitzewallungen und Reizbarkeit.

• Helfen kann diese Kräutermischung:
2 Teile Shatavari
1 Teil Brahmi
1 Teil Musta
Nehmen Sie zweimal täglich ½ Teelöffel dieser Mischung mit warmem Wasser ein.

• Auch Aloe-Vera-Gel (1 Esslöffel) mit einer Prise Kuminpulver kann Wunder wirken. Einmal täglich in der Woche vor der Menstruation einnehmen.

Kapha

Beim Kapha-PMS kommt es zu Wassereinlagerungen mit anschwellenden, empfindlichen Brüsten und starker Müdigkeit.

• Nehmen Sie von der folgenden Kräutermischung zweimal täglich ½ Teelöffel mit etwas warmem Wasser ein:
2 Teile Punarnava
1 Teil Kutki
2 Teile Musta

• Essen Sie vor der Menstruation täglich 10 Kirschen.

Für alle drei Typen empfehlenswert

• Warme Ghee-Nasentropfen (5 Tropfen in jede Nasenöffnung) stimulieren die Hormonproduktion. Ein- bis dreimal täglich 7 bis 10 Tage vor der Menstruation.

• Regelmäßiges Körpertraining, fünfmal wöchentlich eine halbe Stunde spazieren gehen oder Aerobic usw. Treiben Sie allerdings während der Menstruation keinen Sport, sondern sorgen Sie für Entspannung, beispielsweise mit guter Literatur.

11 SEXUELLE UND PARTNERSCHAFTS-
PROBLEME LÖSEN

Sex und Liebe

Trotz sexueller Revolution und eines nie gekannten Ausmaßes an Wissen über Partnerschaftsprobleme sowie eines enormen Angebots an psychotherapeutischen Hilfen scheint das Thema heute aktueller als je zuvor. Allein in Deutschland leiden über vier Millionen Männer und etwa drei Millionen Frauen unter sexuellen Störungen, die sich negativ auf die Partnerschaft auswirken und das körperliche wie seelische Wohlbefinden beeinträchtigen. Ayurveda sieht in der körperlichen Liebe eine wichtige Voraussetzung für ein gesundes und glückliches Leben. Doch Sexualität ist nur ein Aspekt der Liebe. Das Thema Sex und Liebe ist seit eh und je sehr vielschichtig – einerseits uralt und andererseits immer wieder neu und für jeden Einzelnen etwas anders gelagert.

In den alten östlichen Weisheitslehren finden wir recht unterschiedliche Einstellungen. Wir dürfen dabei nicht vergessen, dass die meisten der Gelehrten, die ihre Erkenntnisse in ihren Schriften der Nachwelt überlieferten, Mönche waren und womöglich niemals Sex hatten. Sie tendieren dazu, Sex als überflüssig oder störend für die Tugenden der Liebe, des Mitgefühls und der Weisheit abzutun.

Diese Menschen – Yogis und weise Lehrer – sind oft sehr alt geworden und waren anscheinend auch glücklicher als die meisten von uns. Demnach ist Sex offenbar nicht nötig, um gesund, glücklich und mitfühlend zu sein. Das können wir uns schon einmal merken, falls wir uns Sorgen machen, weil wir seit längerem keinen Sex hatten und glauben, wir würden deshalb innerlich verkümmern.

In die Ayurveda-Tradition fließen aber auch ganz andere Erfahrungen ein: Erfahrungen von Königen und Tantrikern, die mit vielen Frauen gleichzeitig überaus raffinierte Sexspiele ausprobierten und mit sexueller Energie experimentierten. Ärzte und Wissenschaftler haben schon damals, vor 2000 Jahren, »Feldforschung« betrieben und untersucht, welche Vor- und Nachteile bestimmte Sexualpraktiken in Bezug auf die Lebensqualität haben können. Das berühmte Kamasutra ist nur ein Beispiel dafür.

Es gab zwar immer körperfeindliche, asketische Strömungen in Indien. Doch sie waren nie so dominierend wie die fast zweitausendjährige sexualfeindliche Dogmatik der christlichen Kirchen in Europa. So müssen wir davon ausgehen, dass im Westen (und mittlerweile weltweit) die meisten sexuellen Störungen mit einer geistigen Hemmung zu tun haben, die in der Regel unbewusst wirkt. Dies war ja auch der revolutionäre Ansatz Sigmund Freuds.

Natürlicherweise wünschen wir uns eine erfüllte Sexualität und leiden – psychisch wie körperlich –, wenn dieser Wunsch nicht in Erfüllung geht. Wir fragen uns: Was ist das Problem? Wie können wir es beheben?

Sexuelle Probleme

Wenn ein Paar frisch verliebt ist, klappt es mit dem Sex meist sehr gut. Doch nach einigen Jahren des ständigen Zusammenseins lässt das sexuelle Begehren oft nach. Man hat immer wieder – nicht nur in westlichen Gesellschaften – versucht, Regeln aufzustellen, wie oft Paare mindestens Geschlechtsverkehr haben sollten. Diese werden dann bei Scheidungsprozessen ins Feld geführt. Der Mann beschwert sich, dass seine Frau seit Monaten nicht mehr mit ihm schlafen will. Das kann ein Scheidungsgrund sein. Der umgekehrte Anspruch der Frau an den Mann wird in offensichtlich frauenfeindlichen Systemen allerdings meist nicht anerkannt.

Ich will hier nicht weiter auf die Rechtsprechung eingehen. Doch wir sollten verstehen, dass die Sexualität schon seit langer Zeit eingebunden ist in ein Geflecht aus sozialen Regeln, Erwartungen und Verpflichtungen. Sie ist weder wirklich frei noch gänzlich privat. Sexuelle Probleme sind also an vielschichtige soziale Anforderungen gekoppelt und deshalb in der Regel sehr komplex. Da spielen Leistungsdruck, zu hohe Erwartungen, falsche Selbstbilder und vieles andere eine Rolle. Auch wenn manche sexuelle Probleme wie mangelnde Erektionsfähigkeit heute mit Medikamenten wie Viagra behandelt werden können, bleibt das eigentliche Problem meist ungelöst. Es sitzt tiefer, auf der seelischen Ebene. Und wir sollten uns auch nichts vormachen – so wie es manchmal in so genannten esoterischen Kreisen geschieht: »Ach, den Sex habe ich längst überwunden!« Dahinter steckt oft Frustration. Und die belastet das Gleichgewicht im Körper-Geist-Seele-Organismus.

Ich möchte im Folgenden nur kurz einige der sexuellen Probleme skizzieren, die allein in Deutschland viele Millionen von Männern und Frauen betreffen und ihre Lebensqualität beträchtlich einschränken – was bis zur Depression oder zu Krebs führen kann.

Bei Männern sind die Hauptprobleme: vorzeitiger Samenerguss; es findet keine Erektion statt (fälschlicherweise auch »Impotenz« genannt) und Sexsucht. Bei Frauen wurde früher von westlichen Medizinern »Frigidität«, also Gefühlskälte angeführt. Diese Bezeichnung gilt mittlerweile zu Recht als frauenfeindlich. Tatsache ist, dass eine Frau sich sexuell meist erst öffnen kann, wenn sie auch gefühlsmäßig dafür bereit ist.

Die psychologische Situation ist für Ayurveda-Ärzte klar. Stress ist der Hauptgrund für sexuelle Probleme, außerdem eine Überaktivität des Kopfes (Manas). Um eine erfüllende Sexualität zu erleben, müssen sich die Partner füreinander Zeit nehmen. Westliche Mediziner, Psychologen und Therapeuten bestätigen das. Wenn Zeit und Lust für Gespräche und Sex fehlen, erklärt zum Beispiel der renommierte Schweizer Familienpsychologe Guy Bodenmann, dann wird die Beziehung schnell vergiftet. In seinen Kursen lernen die Partner, wie man wieder behutsamer aufeinander eingeht und sich für den anderen und sein soziales Umfeld interessiert. (12)

Beim Sex sind die Partner oft nicht bei der Sache, das heißt, sie können sich nicht auf den Moment und somit auch nicht auf den sinnlichen Genuss einlassen. Stattdessen kreisen ihre Gedanken um alles Mögliche. Das können Geschäftstermine, Schulden, die Kinder oder Bilder von sexy Fantasiepartnern aus den Medien sein. Der erste Schritt hin zu einem erfüllteren Sexualleben besteht darin, dies selbst zu überprüfen. Zunächst müssen einem die Gedanken und Vorstellungen als Störenfriede bewusst werden. Man wird dann bald bemerken, dass sie nicht nur beim Sex, sondern auch in anderen Situationen stören. Der Verstand ist fast ununterbrochen in Bewegung, das ist seine Natur. Doch wir können lernen, damit richtig umzugehen.

Gibt es Momente, die einfach nur für sich genossen werden können? Vielleicht beim Sport, beim Fernsehen, beim Treffen mit Freunden? Solche Momente können als Vorbild dienen. Es ist nicht so, dass wir in solchen Momenten nicht denken. Doch die Gedanken passen zur Situation. Sie regen uns positiv an. Wir fühlen uns gut und entspannt. Was müsste geschehen, damit wir uns auch mit unserem Partner so »im Fluss« fühlen können? Es muss doch möglich sein, die Verspannung und Verkrampfung zur Sprache zu bringen! Das kostet sicher Mut und Überwindung, aber es lohnt sich doch, oder?

Ein weiterer Schritt besteht nämlich darin, über seine Gefühle und Gedanken zu sprechen. »Ich muss ständig an diesen Termin mit meinem Chef denken. Das macht mir echt zu schaffen!« Oder: »Ich möchte ja mit dir schlafen, aber da ist so ein merkwürdiges Gefühl – wie Angst. Bitte hilf mir, lass uns darüber reden!« Oder: »Bitte erwarte heute nichts, lass uns einfach nur kuscheln!« Oder: »Ich fühle mich so unsicher. Wie geht es dir, wie fühlst du dich?« Es liegt in unserer menschlichen Natur, dass wir Offenheit spontan mit Offenheit beantworten – und Verschlossenheit meist mit Verschlossenheit. Um im Moment und möglichst nah beisammen zu sein, kann es hilfreich sein, sich zu streicheln und dabei zu fragen: »Wie fühlt sich das an? Ist es gut so?« (13)

Behandlung

Die Erektionsfähigkeit lässt im Alter nach. Das hat auch die mächtigen Könige vor Jahrtausenden schon frustriert. Für hilfreiche Gegenmittel hätten sie ihren Ärzten ein Vermögen geboten. Das heutige Potenzmittel Viagra ist immer noch mit etwa zwölf Euro pro Pille ziemlich teuer. Und die Nebenwirkungen sind eben nicht unbedenklich. Natürlich kennen Ayurveda-Ärzte viele Pflanzen und Substanzen, die eine angemessene Versteifung des Penis bewirken. Die Frage bleibt allerdings, ob dadurch bereits das eigentliche Problem in einer Liebesbeziehung behoben werden kann. Letztlich sind es doch meist seelische Faktoren, die hier den Ausschlag geben.

Immer häufiger kommen Männer ab etwa 45 zu mir, die über sexuelle Probleme klagen. Sehr oft liegt es daran, dass sie Betablocker gegen zu hohen Blutdruck einnehmen. Eine der häufigsten Nebenwirkungen ist eine allgemeine Schlaffheit, die sich in mangelnder Erektionsfähigkeit zeigt. Zunächst müsste der zu hohe Blutdruck anders behandelt werden. Er hat in der Regel mit Stress zu tun. Und besonders leidet auch die geschlechtliche Liebe unter Stress. Zu hohe Erwartungen, zu viel Leistungsdruck, zu wenig echte Kommunikation, zu wenig Wissen um die Liebe.

Im Folgenden stelle ich einige gängige ayurvedische Mittel zur Lösung sexueller Probleme vor:

Wenn sich der Penis beim Geschlechtsverkehr nicht genügend versteift, liegt das in der Regel daran, dass nicht genügend Blut hineinfließt.

• Massieren Sie Ihren Unterbauch und die Peniswurzel mit ein paar Tropfen Mahanarayanöl. (Die hier angegebenen speziellen Öle erhalten Sie über die Bestelladressen.) Das verbessert die Durchblutung. Und/oder tragen Sie Bala- oder Ashwagandhaöl direkt auf den Penis auf. Auch eine Massage des Bereichs über der Prostata (zwischen Hodensack und Anus) kann helfen. Verwenden Sie dazu eines der drei genannten Öle oder etwas pures Ghee. Reiben Sie zunächst in kreisförmigen Bewegungen und beenden Sie die Massage mit Bewegungen vom Anus Richtung Peniswurzel, wobei Sie leichten Druck ausüben.

• Stellen Sie eine Kräutermischung her, die zu gleichen Anteilen aus Ashwagandha, Bala und Vidari besteht, und nehmen Sie drei Monate lang zweimal täglich 1 Teelöffel dieser Mischung in warmer Milch ein. Fügen Sie beim Erhitzen der Milch etwas gehackten frischen Knoblauch hinzu. Auch das fördert die Durchblutung.

• Als leichtes Aphrodisiakum ist 1 Tasse warme Milch mit einer Prise Safran als Abendtrunk zu empfehlen. Safran erhöht die Liebeslust und die Spermienproduktion.

• Sollten Stress bzw. Angst der Grund für die Erektionsstörungen sein, kann ein Beruhigungstee helfen, den Sie regelmäßig eine Stunde vor dem Einschlafen trinken. Mischen Sie dafür zu gleichen Teilen Jatamansi, Brahmi und Shanka-Pushpi. Überbrühen Sie jeweils ½ Teelöffel der Kräutermischung mit einer Tasse heißem Wasser. Das wird nach einigen Tagen merklich die Anspannung verringern. (14)

Vorzeitige Ejakulation

Dieses Problem hat mit einem Überschuss an Vata zu tun und betrifft vor allem den Vata-Typ. Allgemein gelten also die Ernährungsrichtlinien bei zu viel Vata (siehe Seite 223 5 f.).

• Achtung Diabetiker – sie leiden häufig an vorzeitiger Ejakulation: den Zuckerkonsum senken!

• Massagen bzw. Akupressur der Marmapunkte sind hilfreich: Drücken Sie mit dem Zeigefinger 1 bis 2 Minuten in die Vertiefung etwa 2,5 Zentimeter unterhalb der Penisspitze. Dort sitzt ein Marma- bzw. Energiepunkt.

• Auch Yogaübungen helfen dem Mann, Kontrolle über die Ejakulation zu gewinnen. Besonders gut geeignet ist der Sechste »Tibeter« (siehe Teil III, Seite 194 f.).

Libidoschwächen

Das sexuelle Verlangen kommt laut Ayurveda aus dem Shukra-Dhatu, dem Fortpflanzungsgewebe des Mannes, und aus dem Artava-Dhatu, dem entsprechenden Gewebe der Frau. Ist es geschwächt, fehlt auch die nötige Energie bzw. Lust für die körperliche Liebe. Doch zugleich fragt der Ayurveda-Arzt bei sexuellen Problemen natürlich immer auch nach psychischen und sozialen Ursachen.

Einfache Mittel zur Selbsthilfe für den Mann:
• Akupressur des Marmapunktes am Penis (siehe oben).
• Sanfte Massage der Eichel mit Rizinusöl oder Brahmi-Ghee.
• 1 Teelöffel Aswagandha und ½ Teelöffcl Vidari in 1 Tasse warme Milch geben und abends trinken.

Selbsthilfe für Frauen:
• Sanfte Massage des Schambeins mit Bala-, Ritinusöl, Shatavari-Ghee oder Brahmi-Ghee.

- 1 Teelöffel Shatavari und ½ Teelöffel Vidari in eine Tasse mit warmer Milch geben und abends trinken.

Ernährungstipps für Männer und Frauen:

- Essen Sie 10 ungeröstete Mandeln zum Frühstück. Weichen Sie sie über Nacht in Wasser ein, und ziehen Sie vor dem Essen die Schale ab.

- Entfernen Sie Schale und Kerngehäuse von 5 Äpfeln. Zerkleinern Sie die Äpfel zu einem Mus. Geben Sie etwas Honig dazu sowie die Spitze eines Teelöffels Kardamompulver, 1 Prise Safran, 1 Prise Muskat und 10 Tropfen Rosenwasser. Genießen Sie ½ Tasse dieses Desserts eine Stunde nach den Mahlzeiten.

- Mischen Sie 1 Tasse Milch, ½ Tasse Wasser und 1 feingehackte Knoblauchzehe, lassen Sie alles zusammen leicht köcheln, bis nur noch eine Tasse Flüssigkeit übrig ist, und trinken Sie diese vor dem Zubettgehen. (15)

Tipps für Frauen

Insgesamt hat das traditionelle Ayurveda in puncto Sexualität und Libidoschwächen für Männer deutlich mehr Tipps zu bieten als für Frauen. Es waren ja vor allem Männer, meist dazu Mönche, die aus den zum Teil schamanischen Überlieferungen die Lehre entwickelten. Sehr wahrscheinlich wurde dabei manches Wissen weiser Frauen unterschlagen. Was wir heute aber – auch unter Einbeziehung der taoistischen Lehren – zumindest empfehlen können, ist, die Muskeln des Beckenbodens zu trainieren. Das ist für Frauen ebenso wichtig wie für Männer.

Den hier wichtigen Muskel können Sie deutlich spüren, wenn Sie beim Wasserlassen versuchsweise den Urinfluss anhalten. Diese Muskelbewegung können Sie so oft wie Sie wollen üben. Am leichtesten geht das im Sitzen auf einem Stuhl, aber auch im Auto oder allen möglichen anderen Situationen.

• Spannen Sie den Muskel zwischen Anus und Vagina an, halten Sie die Anspannung 5 bis 10 Sekunden lang, und lassen Sie dann wieder los. Üben Sie das fünf- bis zehnmal hintereinander, mehrmals täglich (siehe auch Übung »*Der Siebte Tibeter*«, Teil III, Seite 196).

Frauen brauchen meist stärker als Männer eine insgesamt entspannende und zugleich alle Sinne anregende Atmosphäre, um sich sexuell öffnen zu können. Hoffen oder erwarten Sie nicht, dass Ihr Partner dafür sorgt. Er hat womöglich nicht genug Einfühlungsvermögen. Sagen Sie ihm ruhig, aber klar, was Sie brauchen: welche Musik, welche Art von Licht oder Duft, und dass Sie sich nicht unter Zeitdruck fühlen möchten.

12 MIT ESSSTÖRUNGEN UND ÜBERGEWICHT RICHTIG UMGEHEN

Das Ungleichgewicht auf der Erde

Ein Grundgefühl von Mangel scheint fast jeden von uns zu plagen, und das ausgerechnet in den westlichen Industrieländern. In vielen anderen Ländern der Dritten Welt sterben Hunderttausende monatlich an Hunger, Unterernährung und verseuchtem Trinkwasser. In Nordamerika und Europa sterben einige Hundert Teenager jährlich an Magersucht (Anorexia Nervosa), Brechsucht (Bulimie) oder Fettsucht. In einem großen Teil der Welt herrscht akuter Mangel an Nahrung und Wasser, in einem anderen ist alles im Überfluss vorhanden. Und dennoch leidet eine relativ kleine, offensichtlich besonders sensible Bevölkerungsgruppe unter Essstörungen. Was geht hier eigentlich vor?

Ayurveda betrachtet nicht nur den Körper einer Person, sondern das gesamte Umfeld. Ja, die ganze Erde kann als »Körper« in Betracht gezogen werden, etwa im Sinne von Lovelocks »Gaia-Hypothese«. Die Erde ist demnach ein Gesamtorganismus, und ein Ungleichgewicht in deren Doshas betrifft natürlich auch die auf dem Planeten lebenden Menschen. Eine Fernsehübertragung von schlemmenden Fettwänsten aus den USA (oder Afrika!) wird hungernde Menschen kaum satt machen. Doch umgekehrt könnte eine echte Konfrontation mit verhungernden Kindern einen westlichen Teenager, der sich aus Imagegründen zu Tode hungert, vielleicht aus seinem Wahn aufrütteln.

Essstörungen sind ein psychologisches Problem, das womöglich über die individuelle Psyche hinausreicht. Es könnte mit dem zusammenhängen, was C. G. Jung das kollektive Unbewusste nannte.

162

Womöglich protestiert und warnt uns ein Teil des Gesamtorganismus Menschheit, wo die Tatsachen nicht zur Kenntnis genommen werden. Denn ist es nicht so: Stirbt die Tochter eines einflussreichen Politikers oder Medienstars in den USA oder Europa an Bulimie, dann wirbelt das mehr Staub auf, als wenn hunderttausend Kinder in Afrika verhungern.

Ich komme ja selbst aus einem Land der »Dritten Welt«. Mein Land leidet zwar nicht unter Unterernährung, aber durchaus unter Armut, medizinischer Unterversorgung und einigen anderen Problemen, vor allem seit dem Tsunami 2004. In Sri Lanka musste ich bisher niemand wegen Magersucht oder Übergewicht behandeln, jedenfalls keinen Einheimischen.

Dennoch: Als Ayurveda-Arzt und als Mensch habe ich volles Verständnis für das Problem. Und hinter der Mager- oder Fettsucht steckt ja das allgemeinmenschliche Problem der Sucht überhaupt – dieses schreckliche Gefühl, nie genug bekommen zu können.

Als Buddhist sehe ich die Lösung in den Lehren Buddhas. Eine Ursache des Leidens ist das Begehren. Damit sind nicht die natürlichen Bedürfnisse des Körpers gemeint. Wer unter Hunger und Durst leidet, braucht erst einmal etwas zu essen und zu trinken. Das versteht jeder. Doch im Zusammenhang mit den Süchten geht es ja um psychologische Bedürfnisse. Meist haben die Betroffenen ein ganz schwaches Selbstwertgefühl. Sie trauen sich nichts zu, lechzen nach Anerkennung, die ihnen verweigert wird, ja sie hassen sich selbst. Ihnen fehlt ganz einfach Liebe. Und das ist die Nahrung, die diese Menschen in Wahrheit brauchen.

Eine Ayurveda-Kur von nur wenigen Tagen kann bereits die Erfahrung vermitteln, dass das Leben auch schön sein kann und nicht immer nur »zum Kotzen« ist. Das mag sich etwas oberflächlich anhören, aber ich hatte mager- und drogensüchtige Teenager in Behandlung, die schon nach der ersten Ganzkörper-Synchronmassage deutlich sichtbar auflebten. Dazu kamen dann die richtige Ernährung, die offenen Gespräche und manchmal auch Yoga- und

Entspannungsübungen. Eine ganz neue Perspektive schien im Leben dieser unglücklichen jungen Menschen auf. Nicht alle können diese Erfahrung dauerhaft für ihr weiteres Leben nutzen, aber es ist eine Chance. Und es gibt nach einer Ayurveda-Behandlung immer die Möglichkeit, den Kontakt zum Arzt aufrechtzuerhalten. Jeder »Patient« kann mich jederzeit auch nach einer Kur anrufen, E-Mails schreiben und sich weiter beraten lassen. (16)

Übergewicht

In den westlichen Industrienationen sind bis zu 50 Prozent aller Menschen zu dick. Sie ernähren sich falsch und bewegen sich zu wenig. Übergewicht geht mit gesundheitlichen Risiken einher: zu hoher Blutdruck, Herzinfarkt, Diabetes, Depression etc. Die simpelste Erklärung ist: Innere seelische Leere soll mit Junkfood wie Pommes und Hamburgern gestopft werden. Sehr oft trifft sie zu.

Die Ureinwohner Amerikas zum Beispiel, die einst so stolzen Indianer, leiden in den Reservaten ganz massiv unter der seelischen Entwurzelung. Sie wurden ihrer Kultur und Sprache beraubt, haben keine Arbeit und keine sinnvolle Aufgabe. Die staatlichen Abfindungsgelder werden für Alkohol, Fernseher und jede Menge »Frust-Essen« ausgegeben. Die Gesichter dieser abgeschobenen Menschen sind oft aufgedunsen, ihre Körper fett und unbeweglich. Ähnlich ergeht es vielen in den USA, die als nicht Privilegierte in Armut leben.

Doch auch in Deutschland ist die Zahl der Übergewichtigen, zunehmend auch bei Kindern und Jugendlichen, erschreckend hoch. Zum Teil besteht ein Zusammenhang mit dem sozialen Status. In Regionen mit hoher Arbeitslosenquote gibt es mehr Übergewichtige.

Dies sind zunächst einmal sehr grob skizzierte Verhältnisse. Doch dass eine wichtige Verbindung zwischen körperlicher und geistiger Bewegung und dem Gewicht besteht, kann nicht bestritten werden. Etliche Studien belegen, dass es heute viel mehr übergewichtige Kinder als vor etwa 30 oder 40 Jahren gibt, weil sich die Kinder weniger bewegen, weniger draußen herumtoben und stattdessen viele Stunden täglich vor dem Fernseher oder mit Videospielen verbringen.

Und ganz allgemein gilt: Unsere Lebensweise erfordert heute weit weniger Schweiß und Körpereinsatz als noch vor 50 oder 100 Jahren. Doch die Ernährung ist in der Regel viel kalorienhaltiger als damals. Die hart arbeitende Bevölkerung kam vor hundert Jahren selten in den Genuss von Fleisch oder Weißbrot. Was wir uns heute so alles einverleiben, kann allenfalls ein Hochleistungssportler auf eine Weise in Energie umsetzen, dass kein Übergewicht entsteht. (17)

Möglichkeiten der Selbstbehandlung

Bei Übergewicht und Magersucht geht es wie bei allen Süchten darum, das eigene gesundheitsschädliche Verhalten zu ändern, und das ist bekanntlich nicht so leicht. Es erfordert Einsicht in die tatsächliche Situation, also eine ehrliche und kompromisslose Auseinandersetzung mit sich selbst. Aus der Erkenntnis folgt die Motivation, der Wille, wirklich etwas zu verändern. Das unentschlossene, meist nur von äußeren Meinungen und Vergleichen gespeiste »Eigentlich müsste ich ja endlich mal …!« hilft wenig.

• Bei der Selbstbehandlung von Übergewicht/Fettleibigkeit bzw. Esssucht besteht der erste Schritt darin, sich genau Rechenschaft darüber abzulegen, wann man was isst. Dann sollte man versuchen, sich Schritt für Schritt weniger fette gebratene Speisen, Milchprodukte und kalte Getränke einzuverleiben. (Wenn möglich, auch weniger Alkohol und Zigaretten!) Stattdessen mehr Salat und Gemüse essen. Vollkorn- oder Dinkel- statt Weißbrot. Und täglich wenigstens 1 Liter heißes Wasser trinken!

• Bringen Sie Ihre Gefühle zum Ausdruck! Schreiben Sie ein Tagebuch, vertrauen Sie ihm Einsamkeit, Traurigkeit und Frustration an. Sie werden schon bald eine Art Befreiung erleben: weniger Druck im Solarplexus, weniger bohrende Hungergefühle.

• Verspüren Sie wieder einmal diesen emotionalen Hunger, diese unangenehme Leere, die mit irgendetwas gestopft werden möchte, sei es Fettes, Süßes oder Alkoholisches, dann versuchen Sie bewusst zu widerstehen. Gehen Sie spazieren, achten Sie auf Ihren Atem, trinken Sie ein Glas warmes Wasser oder einen Tee. Wenn Sie dennoch nicht umhin können, etwas zu essen, wählen Sie möglichst (echte) Lakritze oder eine Hand voll Rosinen.

• Nehmen Sie Ihre Mahlzeiten regelmäßig ein – nicht mehr als drei täglich – und hören Sie dazu entspannende Musik. Lassen Sie sich also beim Essen Zeit. Kauen Sie so langsam und bewusst wie möglich.

• Regelmäßige einfache Yogaübungen wie die Fünf »Tibeter« tragen dazu bei, dass der emotionale Hunger nachlässt. Yoga führt zur harmonischen Balance von Körper und Geist (siehe Teil III, Seite 182 ff.).

Innere Uhren

Viele Menschen, die zu mir zur Ayurveda-Behandlung kommen, klagen über Schlafprobleme. Sie können schwer einschlafen oder wachen nachts auf und liegen dann stundenlang wach. Tagsüber fühlen sie sich übermüdet und gereizt. Umgekehrt verstärkt Stress während des Tages die Schlafstörungen. Das ist ein Teufelskreis und ein ernst zu nehmendes Problem, was auch die Schulmedizin erkannt hat. Mittlerweile gibt es in Deutschland etliche Institute und Kliniken mit so genannten Schlaflaboren oder auch Schlafschulen, in denen sich Betroffene untersuchen und behandeln lassen können (Adressen siehe Anhang).

Im weitesten Sinne haben Schlafstörungen mit dem Hauptproblem unserer Zeit zu tun: Stress – eine Überaktivität des Verstandes. Es gibt allerdings auch Fälle, in denen chronische Atembeschwerden oder Schmerzen die Ursache sind oder ganz einfach zu viel Lärm, Licht, äußere Hektik oder stickige Luft.

Ob äußere Einflüsse Ihren Schlaf stören, können Sie am besten selbst herausfinden, indem Sie einmal woanders übernachten, zum Beispiel an einem ruhigen Ort in ländlicher Umgebung. Manchmal wird der Schlaf schon tiefer und entspannter, indem man das Bett umstellt. Auch im Ayurveda gibt es Feng Shui, es heißt nur anders, nämlich Vastu. Die Energie zu Hause und am Arbeitsplatz hat selbstverständlich einen Einfluss auf unser Wohlbefinden und kann gezielt zum Positiven verändert werden. Manchen meiner Patienten habe ich nur geraten, den Kopf beim Schlafen in eine andere Himmelsrichtung zu betten – und die Probleme verschwanden.

Doch meist ist es nicht so einfach. Überwiegend sind es Probleme in Beruf und Familie, die zu Stress und zu Schlafstörungen führen. Und solche Probleme lassen sich nun einmal nicht einfach weghypnotisieren. Sie müssen erkannt und gelöst werden. Doch dazu braucht der Mensch Energie und Willenskraft. Die Ayurveda-Medizin kann da zunächst bestimmte Kräutertees und pflanzliche Substanzen anbieten, die besser wirken als starke pharmazeutische Schlafmittel und die keine Nebenwirkungen haben. Die seelischen Ursachen der Schlafstörungen sind damit natürlich noch nicht behoben. Allerdings hat sich gezeigt, dass eine mehrtägige Ayurveda-Kur mit entsprechenden Massagen, Ernährungsumstellung, Schwitzkuren, eventuell auch dem Stirnölguss oft Wunder wirken. Der Teufelskreis von Tages- und »Nachtstress« wurde offensichtlich durchbrochen. Wenn es dem Schlafgestörten gelingt, auch im Alltag tagsüber auf die Balance von Aktivität und Ruhe zu achten und sich an einen regelmäßigen Rhythmus zu halten, verschwinden die Schlafprobleme meist bald – und dauerhaft.

Was die heutige Medizin als neue Errungenschaft feiert, nämlich dass sich der gesamte Organismus nach so genannten inneren Uhren richtet, ist im Ayurveda seit Jahrtausenden bekannt. Jedes Dosha, jedes Organ, jede Bewegung hat optimale und weniger gute Zeiten – bezogen auf den 24-Stunden-, den Monats- oder auch den Jahreszeiten-Zyklus. Manche Menschen sollten frühmorgens Sport treiben, um sich tagsüber fit zu fühlen und nachts gut schlafen zu können. Andere sollten stattdessen morgens eher meditieren und gegen Abend noch einmal eine Runde joggen. Wann Bewegung und wann Entspannung angesagt ist, das ist bei jedem Menschen unterschiedlich. Allgemein gilt nur, dass beides wichtig ist.

Doshas und Behandlung

Fast immer werden Schlafstörungen durch zu viel Vata ausgelöst. Sie können mit einer Übererregung des Nervensystems, mit Verstopfung, Erschöpfung oder auch Depressionen zusammenhängen. Die folgenden ayurvedischen Mittel können den Schlaf fördern:

Ernährung

• Trinken Sie vor dem Zubettgehen ein Glas warme Milch. Sie können eine Prise Muskatnuss, eine Prise Kardamom und ein paar feingehackte Mandeln dazugeben.

• 1 Tasse Tomatensaft mit 2 Teelöffeln naturbelassenem Zucker und 2 Prisen Muskat, am Nachmittag eine Stunde vor dem Abendessen getrunken, kann Wunder wirken.

• Diese Kräutermischung kann helfen (Bezugsadressen siehe Anhang):

1 Teil Tagar
1 Teil Baldrianwurzelpulver
1 Teil Kamille

Kurz vor dem Schlafengehen ¼ Teelöffel der Mischung mit warmem Wasser einnehmen.

• 1 Tasse Kamillentee vor der Nachtruhe – ein altbekanntes Hausmittel.

Weitere hilfreiche Maßnahmen

• Ölmassage: Massieren Sie vor dem Zubettgehen etwas warmes Sesam-, Brahmi- oder Jatamamsiöl einige Minuten sanft mit den Fingerspitzen in die Kopfhaut ein. Sie können zusätzlich die Fußsohlen damit einreiben.

• Ein heißes Bad oder eine warme Dusche vor dem Zubettgehen beruhigt Vata und verhilft zu einem tiefen Schlaf.

• Achten Sie vor dem Einschlafen nicht auf Ihre Gedanken, sondern auf den Atem.

Die wahre Bedeutung des Alterns

Buddha sah im Altern eine der leidvollen Erfahrungen des Lebens. Die Legende schildert, wie er als junger Königssohn heimlich den Palast verließ, wo er nur von jugendlichen Menschen umgeben war, und draußen auf einen alten Mann traf, der sich kaum noch auf seinen Krücken halten konnte. Entsetzt fragte er seinen Begleiter, der die Pferdekutsche fuhr: »Was ist denn das? Ist das auch ein Mensch?«

»Ja, mein Herr, das ist ein Mensch. Und so wie ihm ergeht es uns allen. Wir werden alt.«

Buddha, damals noch Prinz Siddharta, war schockiert. Er hatte bis dahin geglaubt, Menschen seien immer jung und lebensfroh. Und das ist ja auch das Grundgefühl der jungen Menschen heute. Sie sehen zwar alte Menschen, erleben, wie die Großeltern im Altersheim verschwinden, gebrechlich oder senil werden. Doch dass ihnen damit ihr eigenes Schicksal gezeigt wird, realisieren die wenigsten.

Wir werden alt, unattraktiv, gebrechlich und immer hilfloser. Bis es so weit ist, denken wir lieber nicht daran und genießen das Leben. Und daran ist nichts verkehrt. Jedes Lebensalter ist dazu da, auf seine Weise erlebt zu werden. Menschen wie Buddha, die mit Mitte oder Ende zwanzig zum Yogi werden, weil sie die Wahrheit des Lebens ergründen wollen, sind sicher nicht die Norm. Ich bin zwar Buddhist, aber kein buddhistischer Lehrer. Ich fordere meine Patienten nicht dazu auf, über das Altern oder das Sterben nachzudenken. Nur wenn jemand unbedingt die Wahrheit über das Altern und Sterben wissen will, deute ich an: Ja, es ist unabwendbar. Keine Heilkunst der Welt kann uns ewig jung und gesund erhalten. Es gibt nur gewisse Maßnahmen, die den Prozess ein wenig verlangsamen.

Darin ist Ayurveda allerdings erwiesenermaßen Spitze. Immerhin war das einst sein Ursprung und seine Legitimation: Den Menschen ein möglichst langes Leben auf Erden zu gewähren, damit sie erkennen, dass sie mehr sind als ihr Körper. Tatsächlich sind wir im Alter eher bereit für diese Erkenntnis. Es geht nicht mehr um Sexappeal und Machtpositionen. Wir haben genug von dem ewig gleichen Spiel, sich positionieren und behaupten zu müssen. Wir können leichter entspannen, den Moment genießen. Da, eine wunderschöne Schneeflocke! Der Gesang einer Amsel! Es gibt nichts mehr zu erreichen.

Diese Altersphase ist äußerst wertvoll und sollte möglichst lange erhalten werden. Es ist das eigentliche Ziel von Ayurveda, Menschen über die stressbeladenen Phasen des Teenagers, des Arbeitens und des Kinderaufziehens gesund hinauszuführen in das abgeklärte Stadium des Alters, also heute etwa in die Zeit der Rente. Körperlich und geistig immer noch gesund und fit, sollten wir die Möglichkeit haben, aufgrund unserer reichen Erfahrungen das Leben zu reflektieren und zu erkennen, wer oder was wir wirklich sind.

Die Wechseljahre

Der Wandel zum Alter vollzieht sich körperlich-hormonell und im Bewusstsein der Männer und Frauen ab Mitte 40 und kann sich bis etwa Mitte 50 hinziehen. Das ist bei jedem unterschiedlich. Auch die körperlichen und seelischen Auswirkungen sind bei jedem anders. Manche bemerken so gut wie nichts, andere leiden jahrelang unter Hitzewallungen, Schweißausbrüchen oder Kopfschmerzen, Depressionen, Versagensängsten oder Albträumen.

Frauen sind von den Wechseljahren, auch Klimakterium oder Menopause genannt, naturgemäß stärker betroffen als Männer. Die Produktion weiblicher Hormone, vor allem des Östrogens, lässt nach. Die Monatsblutungen hören allmählich auf. Damit schwindet auch die Möglichkeit, noch einmal Mutter zu werden. Es wird weniger Kollagen gebildet, das für die Feuchtigkeit der Haut sorgt. Die Haut wird trockener und faltiger. Auch die Schleimhäute, zum Beispiel der Scheide, werden dünner und trockener. Die Orgasmusfähigkeit wird dadurch nicht beeinträchtigt. Mit gewissen Hilfsmitteln – Feuchtigkeitscremes und ausreichende Flüssigkeitszufuhr – kann das Problem der Austrocknung behoben werden. Noch wichtiger ist es aber, diesen Prozess seelisch zu verarbeiten. Das Klimakterium ist keine Krankheit, sondern ein natürlicher Übergang.

Doch sowohl die Natur selbst als auch die Medien scheinen die Jugend und die Reproduktionsfähigkeit zu favorisieren. Männer leiden zwar in ihren Wechseljahren (»Andropause«) auch oft unter der Angst, sexuell nicht mehr attraktiv zu sein. Das kann zu erheblichem Stress mit Versagensängsten und Depressionen führen. Doch biologisch sind sie ja meist weiterhin zeugungsfähig. Der berühmte Tenor Luciano Pavarotti zeugte noch mit 67 Zwillinge (wobei es durchaus Männer gibt, die in noch höherem Alter Vater wurden), und obwohl die Qualität des Spermas erwiesenermaßen bereits ab dem 35. Lebensjahr erheblich nachlässt, gibt es rein theoretisch bei Männern altersmäßig nach oben hin keine Grenze der Potenz.

Psychologisch und traditionell ist die Frau im Nachteil. In den Medien ist viel häufiger die Rede von erfolgreichen Männern über 60 oder 70, die junge Frauen um die 30 heiraten, als umgekehrt. Von einer Liebesbeziehung zwischen einer über 70-Jährigen und einem jungen Mann in den 30ern hört man äußerst selten. Eine wundersame Ausnahme stellt der überaus erfolgreiche Film »Harold und Maude« von Hal Ashby (1971) dar. Da wirkt die Motorrad fahrende, total abgedrehte und lebenszugewandte Maude (etwa 75) dermaßen prickelnd auf den lebensmüden Jüngling Harold, dass er sich in sie verliebt und auch mit ihr schläft. Der Film zeigt, dass und wie auch solche außergewöhnlichen Beziehungen möglich sind. (18)

Doch ob Mann oder Frau, irgendwann müssen wir uns verabschieden von sexueller Attraktivität, von Leistungs- und Führungsansprüchen, von all dem Engagement im äußeren Leben. Wir werden zurückgeworfen auf unseren innersten Kern, der sogar in völliger Lähmung und der schrecklichsten Hilflosigkeit aufscheinen kann. Es ist das reine Bewusstsein oder Gewahrsein, das immer da war und sein wird. Mit den persönlichen (Lebens-)Geschichten hat es nichts zu tun. Es kennt weder Zeit noch Raum. Es ist wie ein sanftes, alles durchdringendes Licht. Wir werden es erfahren und uns unendlich erlöst fühlen, spätestens dann, wenn der letzte Atemzug aus unserem Körper strömt.

Anti-Aging

Natürlich kämpfen wir bis zum letzten Atemzug um unser Überleben. Und wir haben alle die Möglichkeit, auch bis ins hohe Alter von 100 Jahren geistig klar, gesund und lebensfroh zu sein. Nie zuvor standen die Chancen so gut wie heute. Gerade die Verbindung von altem medizinischen Wissen aus Indien, Tibet und China und der modernen Forschung gibt Anlass zur Hoffnung auf einen erfüllten Lebensabend. Wir werden auch mit 80 oder gar 90 noch schöne Reisen unternehmen, neue kreative Hobbys entdecken und das Leben genießen können, vielleicht besser und entspannter als je zuvor.

In Indien, Sri Lanka, China und vielen anderen Ländern werden die Alten im Rahmen der Familie heute noch immer traditionell hoch verehrt und umsorgt. Doch dieses Privileg bröckelt; in den westlichen Zivilisationen ist es ja längst verschwunden.

Allerdings entsteht gerade im Westen eine neue Perspektive für ältere Menschen. Sie baut auf Geld und Solidarität. Noch lassen sich viele Menschen über 75 von ihren Kindern oder Enkelkindern ins Altersheim abschieben. Doch vor allem von den USA geht eine Welle des vehementen Widerstands der älteren Generation aus. Über 80-Jährige halten sich in Karatekursen oder beim Marathon fit. Sie lassen sich nicht abschieben. Sie solidarisieren sich. Viele haben im Laufe eines erfolgreichen Geschäftslebens Kapital gesammelt, das sie nicht ohne weiteres den nachfolgenden Generationen überlassen, sondern in ihre eigene Gesundheit investieren und oft auch mit ihren Altersgenossen teilen.

Die Altersgruppe zwischen 70 und 100 wird zunehmend zu einer eigenen Macht, zahlenmäßig und auch wirtschaftlich. Sie kämpft für ihr Recht auf Leben. Die Pharmaindustrie und die Ärzte haben schon längst lukrative Chancen auf dem Markt erkannt.

Anti-Aging lautet das Zauberwort. Auf der Internetseite der Deutschen Klinik für Anti-Aging heißt es:

»Die Anti-Aging-Medizin kann die normalen Alterungsprozesse verlangsamen, teils stoppen und – was wirklich revolutionär ist: Einige der typischen Altersveränderungen lassen sich wieder rückgängig machen. Das Gesundheits- und Anti-Aging-Programm ist ein wissenschaftlich fundiertes und ganzheitliches Programm zur individuellen Gesundheitsvorsorge und Gesundheitspflege und richtet sich sowohl an kranke als auch an gesunde Menschen.« (19)

Die Selbstbehandlung

Alles im Ayurveda dient dazu, uns bzw. unseren Körper so lange wie möglich gesund zu erhalten. Von daher ist alles, was bisher in diesem Buch gesagt wurde, geeignet, den Alterungsprozess zumindest zu verlangsamen.

Die wichtigsten Punkte zum eigenen Anti-Aging-Programm möchte ich hier kurz zusammenfassen:

• Trinken Sie täglich wenigstens 1,5 bis 2 Liter Wasser, möglichst wenigstens die Hälfte davon heiß. Der Körper braucht viel Flüssigkeit – gutes, frisches Wasser, um sich zu regenerieren, um Gifte auszuspülen und um die Haut feucht zu halten.

• Ernähren Sie sich so gut es geht Ihrem Typ entsprechend. Reduzieren Sie Zigaretten, Alkohol und fettige (tierische) Nahrung auf ein Minimum.

• Praktizieren Sie täglich morgens wenigstens 10 Minuten Yoga (siehe *Fünf »Tibeter«*) oder Gymnastik.

• Kommen Sie wenigstens zwei- bis dreimal wöchentlich durch schnelles Gehen, Jogging, Tennis etc. ins Schwitzen.

• Achten Sie in allen Dingen des Lebens auf Ihren eigenen Rhythmus: Aufstehen, Einschlafen, Konzentration, Entspannung. Spüren Sie, wann Sie was brauchen, und sorgen Sie dafür, dass Sie es auch bekommen!

• Spüren Sie in stiller Meditation (10 bis 60 Minuten täglich) in sich hinein. Achten Sie auf das, was sich nicht verändert. Das Leben selbst bleibt im Kern immer gleich. Am ehesten kann es mit dem Gefühl von Leichtigkeit und Gelassenheit verglichen werden. Erspüren Sie diese Qualität. Lassen Sie sich da hinein sinken. Lassen Sie diese Qualität zur Grundlage aller Gedanken, Gefühle und Handlungen werden. Diese »Weisheit des Alters« hält innerlich jung, ja es macht Sie alterslos.

Eigentlich wissen wir nicht, was das Leben wirklich ist. Es ist ein Mysterium, das unser begrenzter Verstand nicht erfassen kann. Manch ein Philosoph, der Ursprung und Sinn des Lebens ergründen wollte, ist darüber verzweifelt oder gar verrückt geworden. Die meisten Mystiker aus den verschiedenen östlichen und westlichen Weisheitstraditionen plädieren dafür, einfach nur den Moment so zu erleben und zu genießen, wie er eben ist. Das ist eigentlich ganz einfach und doch zugleich so schwierig, weil wir immer nach Erklärungen suchen und irgendetwas anderes wollen als das, was gerade ist.

Gerade in Deutschland ist mir aufgefallen, dass so viele Menschen in ihrem Leben nur Pflichten und Verpflichtungen sehen. Frage ich nach einem glücklichen Moment, kommt sofort: »Ja, aber …!« Es mag sein, dass die schlimme Vergangenheit des Zweiten Weltkriegs auf viele Menschen immer noch nachwirkt – auch auf diejenigen, die ihn nicht selbst erlebt haben. Irgendwo habe ich diesen verrückten Spruch aufgeschnappt, der wohl aus der Nazizeit stammt: »Am deutschen Wesen soll die Welt genesen!« Da musste ich fast lachen. Dabei ist es ja kein Witz. Manch ein Deutscher, der eine hohe Position in der Wirtschaft innehatte und sich bei mir wegen Stress behandeln ließ, schien immer noch davon überzeugt, dass die Anderen (in anderen Ländern) sich an der verbissenen Arbeitsmoral und am Pflichtbewusstsein der Deutschen ein Beispiel nehmen sollten.

Nun, ich will nicht bestreiten, dass Effektivität und Leistungsfähigkeit in Deutschland weit über der in den meisten anderen Ländern liegen, ganz zu schweigen von meiner Heimat Sri Lanka. Aber

»genesen«? Gesund macht dieses auf Leistung und Pflicht ausgerichtete Leben sicher nicht. Perfektionismus führt meist zu viel Leid, Frustration und sogar Herzversagen. Vor allem: Das geht ja völlig am Leben vorbei! Wo bleiben da die tiefen Erkenntnisse eines Meister Eckehart oder einer Hildegard von Bingen, eines Goethe oder Rilke?

Das Leben ist dazu da, all seine Höhen und Tiefen in jedem Moment so offen wie möglich wahrzunehmen und auszukosten. Wir haben heute so viele Möglichkeiten dazu wie nie zuvor. Wir können reisen, können die verrücktesten Sachen ausprobieren, können den ungewöhnlichsten Hobbys frönen, alle nur möglichen Kurse für wenig Geld an Volkshochschulen oder sonst wo belegen – von schamanischem Trommeln bis zum Kochen nach den fünf Elementen.

Nur lässt sich die Konditionierung – leider – nicht so leicht ablegen. Auch hier können wir uns die Freude an der Kreativität und an der Faszination des Andersartigen selbst verderben durch das innere Pflichtprogramm – die eigene Effektivität unter Beweis stellen, besser sein wollen als die anderen. Irgendetwas scheint hier zu Lande bei der Erziehung häufig schief zu laufen. Viele meiner Patienten bringen schon bald zum Ausdruck, dass sie sich nie wirklich geliebt fühlten und sich anderen Menschen auch nicht anvertrauen mögen. Es mangelt an dem Grundgefühl, in sich selbst wertvoll und liebenswert zu sein – unabhängig von jedem äußeren Vergleich.

Der erste Schritt besteht darin, Selbstzweifel und eine eher grüblerische Ader als Qualitäten des Lebens anzuerkennen, die genauso wichtig sind wie das überschäumende Temperament etwa eines Südländers, der gern feiert und auf Partys anscheinend immer gut drauf ist. Ernst und konzentriert zu sein hilft, in tiefere Schichten des Lebens vorzudringen und das sind wichtige Gaben. Es mag sich nicht anfühlen wie ein High, doch das Gewahrsein, das Bewusstsein hinter allem liebt diese Art der Erfahrung. In keinem anderen Land der Welt unterrichten spirituelle Lehrer jeder Tradition – von Zen über tibetischen Buddhismus, Sufismus, Advaita oder Schamanismus – so gern wie in Deutschland. Hier sind die Menschen wirklich ganz bei der Sache, sagen sie.

Es wäre also völlig verkehrt, sich zu einer aufgesetzten Leichtigkeit und Lebensfreude zu zwingen. Stattdessen sollte man versuchen, den Wert der eigenen Ernsthaftigkeit zu erkennen und zu schätzen. Die Lebensfreude, von der ich hier spreche, lässt sich nicht daran messen, wie oft jemand lacht, tanzt, singt oder Witze reißt. Sie kann ganz still und kaum zu bemerken sein. Sie betrifft eine Art inneres Einverständnis mit dem, was ist und wie es ist.

Ayurveda hat nie versucht, das Leben zu kontrollieren. Es ist keine Wissenschaft im heutigen Sinne. Ayurveda verhält sich wie ein Schüler gegenüber seinem verehrten und geliebten Meister, dem Leben selbst. Es ist eine Liebesbeziehung zum Leben, geprägt von Dankbarkeit und Mitgefühl, Aufnahmebereitschaft und Hochachtung. Es ist, wie wenn man nachts den unendlichen Sternenhimmel klar und weit über sich sieht und andächtig staunt: Wie könnte ich dieses Wunder, diese Grenzenlosigkeit je erfassen?

TEIL III

ÜBUNGEN UND MEDITATIONEN

In diesem Teil des Buches stelle ich einige Körper- und Bewusstseinsübungen vor, deren Wurzeln teilweise bis zu den Anfängen des Ayurveda zurückreichen. Probieren Sie zunächst einige Tage oder Wochen lang aus, welche Ihnen besonders liegen. Haben Sie die passenden Übungen gefunden, praktizieren Sie sie möglichst regelmäßig. Sie dienen der Harmonie von Körper, Geist und Seele.

Die Sieben »Tibeter«

Von Anfang an gehörten Ayurveda und Yoga zusammen. Dabei wird Yoga nicht nur als eine Ansammlung von körperlichen Übungen verstanden, die bestimmte Muskeln trainieren sollen. Es ist vielmehr eine umfassende Philosophie, welche darauf zielt, die gefühlte Getrenntheit des Menschen vom Ganzen zu überwinden. Atem- und Reinigungsübungen, bestimmte Körperhaltungen, Kontemplationen, der hingebungsvolle Dienst am Mitmenschen, Gebete, Opfergaben und vieles mehr sollen dabei helfen. Im Folgenden möchte ich nur die bekanntesten und einfachsten Übungen zum Erhalt unserer körperlichen und seelischen Gesundheit skizzieren, die Sie ohne weiteres auch ohne persönlichen Lehrer praktizieren können.

Vor gut 15 Jahren erschien in Deutschland *Die Fünf »Tibeter«* von Peter Kelder, ein schmales Buch, das sich bis heute allein im deutschsprachigen Raum über 1,5 Millionen Mal verkauft hat. Die einfachen Hatha-Yoga-Übungen, die darin vorgestellt werden, waren zeitweise noch populärer als der »Sonnengruß«. Etliche Mediziner bescheinigten den Übungen gute therapeutische Wirkungen gerade in der Gesundheitsprophylaxe und Rehabilitation. Die Story drum herum – ein 70-jähriger Kriegsveteran kehrt nach einer Himalajaexpedition um Jahrzehnte verjüngt zurück – lieferte überdies eine gute Motivation, die Übungen tatsächlich regelmäßig zu praktizieren. Das interessierte mich, denn es ist meist nicht leicht, Menschen zu motivieren, ihr gewohntes Verhalten zu ändern, und sei es auch nur für zehn Minuten am Tag. Hier schien das sehr gut zu gelingen. Hunderttausende übten allein in Deutschland die Fünf »Tibeter« regelmäßig und berichteten begeistert, dass sie sich gesünder und jünger fühlten.

Das ist ja nun eigentlich die Domäne des Ayurveda. Wie der alte Mann in einem verborgenen Tal des Himalaja den Jungbrunnen des Lebens entdeckt – nicht etwa in Form eines Elixiers, sondern eben in bestimmten Übungen und der rechten Lebensweise mit der entsprechenden Ernährung usw. –, das war, fand ich, schon sehr gut dargestellt. Und das bereits um 1938 in den USA, wo das Buch erstmalig erschien!

Ich möchte deshalb hier noch einmal die Übungen, von Kelder »Riten« genannt, ans Herz legen, auch wenn viele Leser sie bereits kennen mögen. Es sind übrigens nicht fünf, sondern insgesamt sieben Riten, die nach meinem Verständnis alle zusammengehören. Es wird empfohlen, die einzelnen Übungen in der ersten Woche jeweils nur dreimal auszuführen und allmählich – über mehrere Wochen – auf 21-mal zu steigern. (1)

Der Erste »Tibeter«

Entspannt stehen, mit den Augen einen Punkt fixieren und zugleich das gesamte Sichtfeld als Bild wahrnehmen. Einatmen immer durch die Nase, ausatmen durch den Mund. Füße auf dem Boden spüren. Arme ausbreiten. Vorstellung: Erde und Himmel sind verbunden. Im Uhrzeigersinn drehen (drei- bis 21-mal). Bei jeder Drehung im natürlichen Rhythmus ein- und ausatmen – wer mag, mit dem Klang »Ah-Hu!«. In die Ausgangsposition zurückgekehrt, auf die in Augenhöhe zusammengeführten Hände schauen.

Der erste »Tibeter«

Auf dem Rücken liegen. Bodenkontakt, vor allem der Wirbelsäule, und tiefe Bauchatmung spüren. Auf einem tiefen »Aaah!« ausatmen. Mit dem nächsten Einatmen Beine anwinkeln und gerade nach oben strecken. Anspannung der Bauchmuskulatur spüren. Zugleich das Kinn ans Brustbein ziehen, dabei den Kehlkopf spüren und entspannen. Beine und Kopf mit dem Ausatmen – auf »Aaah« von oben nach unten gleiten – in die entspannte Ausgangsposition zurücklegen.

Der zweite »Tibeter«

Mit aufgestellten Zehen knien, die Wirbelsäule aufgerichtet, Hände an die Pobacken legen. Kopf zunächst auf das Schlüsselbein legen und dabei (summend) ausatmen, dann mit dem Einatmen leicht nach hinten zum Nacken bewegen. Der Mund ist leicht geöffnet, Rachen und Kehlkopf entspannt (bitte dort hinspüren!), die Wirbelsäule behutsam nach hinten gedehnt; der Brustkorb weitet sich. Nur kurz in dieser Position verharren. Mit einem zufriedenen Brummton durch die Nase ausatmen, Muskeln entspannen.

Der dritte »Tibeter«

Im Sitzen die Beine hüftbreit ausstrecken. Wirbelsäule aufgerichtet, die Hände neben dem Gesäß aufgestützt. Eventuell Lockerungsübungen (Kopf, Nacken) mit »Mamamama«. Beim Ausatmen auf »Ma« das Kinn sanft zum Schlüsselbein senken. Beim Einatmen das Gesäß heben und in die Brücke kommen. (Zunächst über die Kraft der Arme, dann auch über die Wirbelsäule.) Kopf in den Nacken legen, Rachenraum spüren. Kurz alle Muskeln an- und entspannen. Beim Ausatmen mit einem erleichterten »Ahh« in die Ausgangsposition zurückkehren.

Der vierte »Tibeter«

191

Flach auf dem Bauch liegen. Die Stirn berührt den Boden, die Handflächen liegen neben dem Hals auf, die Zehen sind hüftbreit aufgestellt. In dieser Position kann ein Klang der Hingabe entstehen, ein Oh oder OM. Beim Ausatmen den ganzen Körper anheben, Oberkörper und Kopf sanft nach hinten beugen. Beim Einatmen das Gesäß so weit anheben, dass der Körper ein umgekehrtes »V« bildet. Zugleich das Kinn zum Brustbein führen. Beim Ausatmen (auf »Ahh«) in die erste Stützstellung zurückgehen. Erst nach den 3 bis 21 Durchgängen über das Aufsetzen der Knie den Körper in eine entspannte Liegeposition (»Schlafhaltung«) bringen.

Der fünfte »Tibeter«

Stehen, Füße hüftbreit auseinander, Wirbelsäule aufgerichtet, entspannt atmen. Ausatmen: die Luft (auf »OM«) aus dem Brustkorb strömen lassen, dabei den Bauch zum Zwerchfell einziehen und angespannt halten. Oberkörper nach vorn beugen, Hände auf die Knie stützen. Luft weiter (auf »OM«) auspressen. Kinn zum Brustbein neigen. Oberkörper aufrichten, Hände in die Hüften stemmen. Schultern werden hochgedrückt. PC-Muskel anspannen. »Magenhub« und Sog »nach oben« spüren, geschehen lassen. Atemnot bewusst aushalten. Vor dem Einatmen den Bauch entspannen. Durch die Nase einatmen, Hände lockern, entspannt ein- und ausatmen (»OM«).

Der sechste »Tibeter«

Entspannt und locker stehen oder sitzen, Füße hüftbreit auseinander, Wirbelsäule aufgerichtet; ruhig und tief atmen. Das Kinn ist gerade, sodass der Kehlkopfbereich nicht eingeengt wird. Das OM intonieren; dabei das O etwa fünf Sekunden lang auf einem tiefen Ton halten; es schwingt im Brustraum. Das anschließende M erklingt etwa zehn Sekunden lang durch die Nebenhöhlen. Nach mehrmaligem ruhigen Ein- und Ausatmen wird der Klang wiederholt. Drei bis fünf Durchgänge genügen. Diese Übung kann mehrmals am Tag wiederholt werden.

Das OM-Symbol

Chakra-Meditationen

Die Riten der Fünf bzw. Sieben »Tibeter« sind eng verbunden mit dem System der Energiezentren (Chakras). Ich habe es bereits kurz skizziert (siehe Kapitel 2, Seite 75 ff.). Die Übungen sollen die Chakras, die auch als kreisende Energiewirbel dargestellt werden, ausbalancieren und sich in einer Geschwindigkeit drehen lassen, die einen reibungslosen Energiefluss vom untersten zum höchsten Chakra ermöglicht.

So knapp und verkürzt dargestellt, mag das eher nach einem mechanischen System von Wassermühlen aussehen. Aber es ist eben zunächst einmal nur ein Modell. Vergessen wir nicht: Auch die Atome und ihre inneren Strukturen, auf denen die heutigen Wissenschaften aufbauen, sind nur Modelle. Sehen kann sie niemand. Die Chakras sind immerhin – wie viele Menschen berichten – erlebbar.

Es gibt zahlreiche Chakrameditationen, und viele davon benutzen Klänge, Musik und Mantras. Die einfachste Form ist wohl die des Lauschens und Spürens. Im Prinzip können wir uns für eine beliebige Zeit, 10 bis 60 Minuten lang, einfach still hinsetzen und darauf achten, ob und wie die wahrgenommenen Eindrücke (Geräusche, Stimmen, Gerüche, Empfindungen, Gefühle und Gedanken) die sieben Energiezentren anregen. Gibt es da eine Resonanz? Wo im Körper spüre ich eine Reaktion?

Doch für die meisten Menschen ist es anregender und praktikabler, eine CD aufzulegen, die Musik zur Harmonisierung der Chakras bietet. Wir sollten uns nur grundsätzlich darüber im Klaren sein, dass die Chakras natürlich in allen Situationen des Lebens mitschwingen. Von daher können wir die Chakrameditation eben auch in der Kneipe, beim Einkaufen oder im Kino praktizieren. Das betrifft im Grunde jede Meditation. Wir üben dabei, so entspannt und wachsam wie möglich zu erleben, was in diesem Augenblick passiert. Und das möglichst ohne »Hintergedanken«, also ohne diese ständige Anstrengung, etwas erreichen zu wollen.

197

So sollte auch das Hören einer Chakra-CD ablaufen. Wir genießen die Klänge und die Zeit, die wir uns dafür nehmen, lassen Gedanken, Vorstellungen und Gefühle wie in einem inneren Kino auftauchen und verschwinden. Dabei achten wir auch auf die Impulse, die uns möglicherweise ablenken oder uns drängen, irgendetwas zu tun oder zu erledigen. Jetzt gibt es nichts zu tun!

Für diese Chakrameditation empfehle ich die Musik von Santo, der nur auf einem obertonreichen Monochord mit 36 gleich gestimmten Saiten spielt (siehe CD-Empfehlungen im Anhang).

Der nächste Schritt wäre eine Musik, die zum Mitsingen oder auch zum Tanzen anregt.

Am besten wäre es, Sie würden selbst die Initiative ergreifen und eine Abfolge von sieben Musikstücken zusammenstellen, die nach Ihrer eigenen Einschätzung das jeweilige Energiezentrum anregen. Hören Sie sie sich diese CD oder Kassette zunächst still an, und lassen Sie später auch Bewegungen zu, singen Sie mit, kreieren Sie Laute. Und wozu das alles? Es hilft, lebendiger zu werden und mehr mit sich und der Welt in Harmonie zu sein.

Chakrasingen mit Vokalen

• Sie sitzen oder stehen aufrecht und entspannt. Der Atem strömt ein und aus, tief und ruhig.

• Richten Sie Ihre Aufmerksamkeit auf das Wurzelchakra, und singen einen tiefen Ton auf dem Vokal U. Empfinden Sie eine Resonanz? Was geschieht da? Nur spüren und beobachten!

• Sie spüren in den Bereich unterhalb des Bauchnabels hinein, während Sie einen etwas höheren Ton auf dem Vokal Ü singen.

• Sie konzentrieren sich 2 bis 3 Minuten lang auf das jeweils höhere Energiezentrum im Solarplexus, Herzbereich, Kehlkopf, Stirn und Scheitel, intonieren immer höhere Töne (Tonleiter als Orientierung) auf den Vokalen O, A, Ä, E, I. Achten Sie dabei so still wie möglich auf den Atem, den Klang der Stimme, die körperlichen Empfindungen, Gefühle und Gedanken, ohne sie als gut oder schlecht zu bewerten.

• Sie können das Chakrasingen gemeinsam mit Ihrem Partner praktizieren, evtl. während Sie ihm in die Augen sehen. Sollten spontan wiegende Bewegungen des Körpers und der Arme entstehen, lassen Sie es einfach geschehen.

• Nach 10 bis 15 Minuten haben Sie alle Chakras »durchgesungen« und bleiben wenigstens 5 Minuten lang still sitzen.

Mit der CD »Chakra Chants« von Jonathan Goldman wird das Singen enorm unterstützt und inspiriert, allerdings auf 62 Minuten ausgedehnt. Das Besondere ist hier, dass die Tonleiter (C-Dur) auf natürliche Frequenzen abgestimmt ist, die den genormten Tonhöhen eines Klaviers nur ungefähr, dafür aber bestimmten Grundschwingungen in Natur und Kosmos genau entsprechen. Goldman empfiehlt auch eine von Deepak Chopra angeregte Unterstützung der Chakra-Harmonisierung durch gesprochene Silben, den aus den Veden überlieferten Bija-Mantras. Diese können in einer Fünf-Minuten-Meditation als Mantra gesagt werden. Von unten nach oben lauten die Silben: Lam, Vam, Ram, Yam, Ham, Sham und OM. (2)

Mantras zur Selbstheilung

Mantras sind bestimmte Silben oder kurze Verse, die – im Geist gedacht oder auch laut gesprochen und gesungen – stets wiederholt werden. In den Veden und den frühen Ayurveda-Schriften wird den Mantras eine besonders starke Heilkraft zugesprochen. Die heiligste Silbe, das OM (oder AUM), haben Sie bereits im siebten »Tibeter« kennen gelernt. Doch es gibt unzählige Mantras, die auf unterschiedliche Ziele ausgerichtet sind. Erstaunlicherweise erfreuen sich die ursprünglichen Sanskritmantras gerade im Westen zunehmender Beliebtheit. Viele Musiker aus Ost und West haben mit ihren Mantra-CDs großen Erfolg.

Ich benutze zum Beispiel die Musik von Deva Premal und Miten (siehe CD-Hinweise im Anhang) in meiner Ayurveda-Praxis. Sie läuft während der Massagen oder während sich die Patienten in den Ruheräumen entspannen. Die Musik ist hier einfach nur zum Entspannen und nicht zum Mitsingen gedacht. Dennoch wirken die gesungenen heiligen Texte auf die tieferen Schichten des Bewusstseins.

Zum Beispiel singt Deva Premal auf ihrer CD »Embrace« das berühmte tibetische Mantra des Medizinbuddhas:

> Teyata om bekanze bekanze
> maha bekanze radza samudgate soha

Übersetzt bedeutet es: »Du, Medizin-Buddha, bist der König und höchste Heiler. Bitte nimm die Krankheit, die Krankheit und die große Krankheit weg. Das ist mein Gebet.« Doch brauchen wir die Übersetzung wirklich? Wirkt es womöglich auf einer höheren Ebene, auf der die Worte gar nicht mehr so wichtig sind? Ich glaube schon!

Ein nächster Schritt wäre, das Mantra zu Hause zur CD mitzusingen und es schließlich aus- und inwendig für sich selbst zu rezitieren. Zu meinem täglichen morgendlichen Ritual gehört eine CD mit buddhistischen Mantras. Ich singe nicht mit, sondern lausche nur und verneige mich dazu. Jeder geht mit Mantras anders um.

Es gibt auch die Möglichkeit, eigene Mantras zu kreieren. Sie müssen nicht in der alten Sprache des Sanskrit verfasst sein. Ich kenne viele Menschen, die mit gutem Erfolg täglich ihre Wünsche in wenigen kurzen Sätzen in einem Ritual aussprechen. Sie nennen es »positive Affirmationen« oder ihr »Gebet«. Wenn der Geist konzentriert auf eine Sache ausgerichtet ist, verbunden mit dem Herzen, mit einem aufrichtigen Wunsch, entsteht eine Art Energiefeld.

Die Schamanen und die vedischen Seher wussten das schon vor vielen tausend Jahren, und heute bestätigen auch etliche westliche Wissenschaftler eine Art Resonanz zwischen Geist und Materie.

Beispiele für positive Affirmationen sind:

»Ich fühle mich heute gut und werde den Tag mit Freude erleben.«

»Ich bin dankbar und offen für alles, was das Leben mir schenkt.«

»Ich bin Gottes Hand und nehme auch Schmerzen und Leid an.«

Inhaltlich unterscheiden sich die alten indischen Mantras oft nicht von solchen selbst formulierten Affirmationen oder Gebeten. Entscheidend ist es, ganz bei der Sache zu sein. Hier wird geistige Energie eingesetzt. Allein der echte Vorsatz, der unbedingte Wille, die Entschlossenheit, etwas im Leben zu verändern, kann Wunder wirken. Und das gilt für jeden der in diesem Buch angesprochenen Bereiche: Stressreduktion, von einer Sucht befreit werden, aus einem seelischen Tief herauskommen, die Partnerschaft beleben, Konzentrations- und Antriebsschwächen, Schmerzen und Angst überwinden. Die Grundaffirmation sollte lauten: »Ja, ich stehe voll hinter diesem Wunsch. Ich möchte wirklich, dass sich etwas ändert!«

Entspannung und Meditation mit Musik

Musik spielte im Ayurveda schon immer eine wichtige Rolle und wird nun auch zunehmend von der modernen westlichen Medizin in ihrer vielschichtigen heilenden Funktion anerkannt und eingesetzt. Alle Rhythmen des Lebens sind miteinander verbunden. Herz- und Pulsschlag reagieren spürbar unterschiedlich auf äußere Rhythmen. In der klassischen indischen Musik gibt es meist eine allmähliche Steigerung. Sitar oder Flöte stimmen sich als melodisches Soloinstrument auf das Rhythmusinstrument, die Tabla, ein.

Beide treten in einen Dialog miteinander und steigern sich in der Virtuosität und im Tempo wellenartig bis zu einem Höhepunkt, um danach bald in der Entspannung auszuklingen. Die dynamische Kurve entspricht nicht zufällig dem, was in der körperlichen Liebe geschieht. Der Liebesakt gilt in vielen alten Heiltraditionen als *das* Modell der Heilung im ganzheitlichen Sinne. Liebe erhält und macht gesund.

Mir scheint, der indische Raga spiegelt diese Weisheit wider. So fremd einem Europäer diese Musik zunächst erscheinen mag, ich möchte jedem empfehlen, sie sich zum Einstieg mehrmals möglichst unvoreingenommen anzuhören (CD-Tipps siehe Anhang).

Nach vielen Tests sind auch westliche Forscher darauf gekommen, dass reine Entspannungsmusik, die immer im gleichen Einheitstakt mit wenigen Harmonien dahinleiert, nicht so gesundheitsfördernd ist. Körper, Geist und Seele stehen in einer lebendigen Wechselbeziehung. Sie lassen sich nicht einfach so durch einen Einheitsbeat von 60 Taktschlägen (= Puls) pro Minute ausbalancieren.

In vielen Fällen von Stress tut es zweifellos gut, entspannende Musik zu hören. Sie sollte einem aber auch wirklich gefallen und nicht etwa wie bittere Medizin eingenommen werden. Musik zur seelischen Gesundheit sollte die Lebendigkeit des Lebens spiegeln bzw. zum Ausdruck bringen. Die Musik von Wolfgang Amadeus Mozart ist – laut wissenschaftlicher Forschung – besonders gut geeignet, die geistige und körperliche Gesundheit zu fördern. Heavy Metal und Punkrock sollte man sich dagegen besser nur in Ausnahmefällen verabreichen.

Lu Jong

Aus den alten tibetischen Übungen, die dem Westen erst kürzlich durch Lama Lobsang zugänglich gemacht wurden, möchte ich hier fünf Grundübungen empfehlen, die aus der Bön-Tradition stammen und zugleich eine tiefe innere Verbindung zum Ayurveda haben. Sie sollen unsere 72 000 feinstofflichen Kanäle (Nadis, Meridiane) für die Kraft der Elemente öffnen und für einen harmonischen Ausgleich von Körper, Geist und Seele sorgen. »Durch das Zusammenziehen, Ausdehnen und Entspannen beeinflussen wir bei den Lu Jong-Übungen den Fluss der Säfte und Energien in den Kanälen. Auf diese Weise können sich Blockaden auflösen, und der Wind, für den harmonischen Durchfluss dieser Energien verantwortlich, kann ungehindert und frei strömen. Das ist eine Voraussetzung dafür, dass wir Krankheiten überwinden.« (3)

Die folgenden Übungen sollten täglich am frühen Morgen oder späten Abend ausgeführt werden, möglichst langsam, jede Übung siebenmal. Die Dehnungen nicht übertreiben. Wichtig ist das dreimalige tiefe, reinigende Atmen nach jedem Übungsdurchgang. Im Zusammenspiel mit den Übungen bewirkt es geistige Klarheit und innere Ausgeglichenheit.

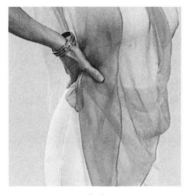

Handhaltung

Grundstellung

Nach vorn

Nach hinten

Diese Übung öffnet den Kanal des Raumelements.

In Grätschstellung aufrecht stehen, Füße leicht nach außen gedreht. Die Arme angewinkelt seitlich an den Hüften, Ellenbogen weisen nach außen. Die Hände umfassen die Taille, der Daumen ist vorn, die übrigen Finger stützen den Rücken. Den Oberkörper von der Hüfte aus langsam mit geradem, gestrecktem Rücken und gestreckten Knien möglichst weit nach vorn beugen und mit ebenso gestrecktem Rücken wieder in die aufrechte Position zurückbewegen. Anschließend den Oberkörper bei gestreckten Knien nach hinten beugen und wieder zurück. Nach sieben Wiederholungen ruhig stehen, die Füße hüftbreit auseinander, die Knie locker. Wichtig: Dreimal tief durch die Nase ein- und (auf einem tonlosen »Haaa«) durch den Mund ausatmen.

Wirkung: Hilft bei »Wind-Krankheiten«, die sich unter anderem zeigen durch: Kopfschmerzen mit Schwindelgefühl und Ohrensausen, Herzbeschwerden mit Schlafstörungen, Zittern der Hände, Konzentrationsschwächen, Leberschmerzen, Appetitlosigkeit, Blähungen, Nieren-Rückenschmerzen.

Handhaltung

Grundstellung

Fußstellung

Die linke Schulter berührt
das rechte Knie

Die rechte Schulter berührt
das linke Knie

Die Übung öffnet den Kanal des Erdelements.

Grätschstellung wie zuvor, die Hände umfassen die Taille, die Daumen sind hinten, die Finger vorn. Oberkörper mit geradem Rücken nach rechts beugen, rechtes Bein beugen, der rechte Fuß dreht sich dabei zur Seite. Wenn möglich sollte die linke Schulter das rechte Knie berühren. Das linke Bein bleibt durchgestreckt, die Ellenbogen sind weit geöffnet. Der Kopf dreht sich ohne Anstrengung mit und wird gerade gehalten. Spiegelbildlich die gleiche Bewegung zur linken Seite wiederholen. Nach sieben Durchgängen folgt das dreimalige Reinigungsatmen.

Wirkung: Hilft bei »Hitze-Krankheiten«. Symptome: erhöhte Temperatur und Kopfschmerzen, Hitzegefühl in den Muskeln sowie gelbe oder rote Augen, weißer Zungenbelag, bitterer Geschmack im Mund, ständiger Durst, Einschlafprobleme.

Wildpferd, das sich schlafen legt

Der linke Ellenbogen berührt
das rechte Knie

Der rechte Ellenbogen berührt
das linke Knie

Diese Übung öffnet den Kanal des Windelements. Sie unterscheidet sich von der Yak-Übung nur dadurch, dass nicht die Schulter, sondern der Ellenbogen das Knie (der jeweils anderen Seite) berühren sollte.

Wirkung: Hilft bei »Gallen-Krankheiten«. Symptome: Schmerzen am Scheitel mit Schlafstörungen, Ohren schmerzen und sind eitrig, Augen sind gelb und können nicht weit sehen, verstopfte Nase mit gelblichem Ausfluss, Druck auf dem Herzen und in den Lungen, Probleme beim Wasserlassen.

Falke, der sich im Wind dreht

Nach vorn   Nach hinten

Die Übung öffnet den Kanal des Feuerelements.

Aufrecht stehen, die Füße berühren einander. Arme seitlich an den Hüften anwinkeln, Ellenbogen weisen nach außen. Die Hände umfassen die Taille, Daumen vorn, die übrigen Finger hinten. Oberkörper von der Hüfte aus mit gestrecktem Rücken und Knien nach vorn beugen, wenn möglich mit der Stirn die Knie berühren. Dann den Oberkörper so weit wie möglich nach hinten beugen. Nach sieben Durchgängen im ruhigen aufrechten Stand dreimal den Reinigungsatem durchführen.

Wirkung: Hilft bei »unreifen (versteckten oder chronischen) Hitze-Krankheiten«. Symptome: Glieder- und Muskelschmerzen, ständige Müdigkeit, Frösteln.

Grundstellung

Arme strecken

Rechte Hand umfassen

Arme nach oben führen

Linke Hand umfassen

Arme nach oben führen

Die Übung öffnet den Kanal des Wasserelements.

Aufrecht stehen, Füße zusammen. Arme gerade nach vorn strecken, wobei die Handflächen zueinander zeigen. Die linke Hand umfasst die Finger der rechten. Die Arme in dieser Haltung so weit wie möglich über den Kopf nach oben strecken – und wieder absenken. Diese Armbewegung sechsmal wiederholen. Anschließend werden die Hände gewechselt: Die rechte Hand umfasst die Finger der linken. Die Arme bleiben dabei stets durchgestreckt. Die Arme insgesamt siebenmal weit nach oben strecken. Dann dreimal bewusst atmen.

Wirkung: Hilft bei »Schleim- und Kälte-Krankheiten«. Sie betreffen vor allem den Verdauungstrakt und können sich äußern in: Schwellungen an den Augen, hellem Zahnfleisch, schlechtem Appetit, saurem Geschmack im Mund, Brennen im Brustbereich und Müdigkeit.

Die Herz-Kohärenz-Übung

Uralt, ganz einfach und auf vielen Ebenen wirksam ist die »Herz-Kohärenz-Übung«, die sich in neueren Forschungen westlicher Medizin auch als effektives Mittel bei Bluthochdruck, Kreislaufstörungen, Herz- und Immunschwächen erwiesen hat.

Sie sitzen oder stehen aufrecht und zugleich locker und schließen die Augen. Der Atem strömt in ruhigen Zügen sanft durch die Nase aus und ein. Sie können spüren, wie er durch den Brustraum fließt, tiefer zum Bauch hin und wieder zurück.

Ihre Aufmerksamkeit gilt nun der Mitte der Brust. Dort sitzt das Herz. Doch können Sie es spüren? Nein? Das ist eigentlich ganz normal und gut so. Wir empfinden das Herz nicht als ein gesondertes Organ, es sei denn, es schmerzt oder arbeitet besonders stark (»Herzklopfen«). Wir können aber spüren, wie sich der Brustraum mit dem Atmen weitet und wieder leicht zusammensinkt. Wir können da einen Raum empfinden. Und es ist ganz leicht, vom Kopf gleichsam eine Etage tiefer in diesen Brustraum hinabzusinken. Musik kann dabei helfen.

Wenn Sie das Gefühl haben, in diesen Raum des Herzens gesunken zu sein, können Sie dort einfach still verweilen. Sie können auch an etwas Schönes denken, an eine geliebte Person oder einen Sonnenuntergang am Meer. Es gibt hier nichts zu erreichen. Jede Empfindung, jede Vorstellung ist gut, wie sie ist. Und wenn sich das alles gut anfühlt und Zeit genug ist, bleiben Sie in diesem Raum, solange Sie mögen.

Auch in stressigen Situationen können Sie kurz da hineintauchen, vielleicht nur für 10 bis 60 Sekunden. Zeit spielt hier keine Rolle. Sie tauchen ab in einen Bereich, der jenseits von Terminen liegt. Doch erwarten Sie keine Ekstase, Seligkeit oder außergewöhnlichen Frieden. Lassen Sie einfach geschehen, was geschieht. Ist das nicht schon ungewöhnlich genug?

Buddhas Vipassana-Meditation

Vipassana bedeutet »Die Dinge sehen, wie sie wirklich sind« und ist wohl eine der ältesten indischen Meditationstechniken. Buddha hat sie immer wieder empfohlen. Es geht dabei um Achtsamkeit. Wir achten auf unsere Gedanken und Gefühle, auf unsere Bewegungen, Gesten und Worte und werden uns zunehmend bewusst, wie Körper, Geist und Seele sich gegenseitig beeinflussen und ständig miteinander in Verbindung stehen.

Laut Buddhas Lehre hat jede Handlung entweder heilsame (Kusala) oder unheilsame (Akusala) Folgen. Dabei haben wir die Möglichkeit der Entscheidung. Aufgrund der »Vier Edlen Wahrheiten«, die Buddha bereits in seiner ersten Lehrrede darlegte, kann Unheilsames vermieden werden.

Vereinfacht lässt sich sagen, dass Achtsamkeit (Sati) der Schlüssel ist, um Emotionen wie Gier und Hass zu durchschauen und so nicht zum Tragen kommen zu lassen, weder im Erleben noch in unseren Handlungen. Das betrifft auch ganz gewöhnliche Dinge wie etwa die Achtsamkeit beim Gemüseschneiden oder beim Überqueren der Straße. Je wacher und klarer ich wahrnehme, desto geringer ist die Gefahr, mich selbst und andere zu verletzen – körperlich wie seelisch.

Und denken wir nur daran, wie viele gesundheitliche Probleme durch »unheilsame« Gewohnheiten, Süchte und Neigungen bedingt sind – Rauchen, Alkohol, zu viel Essen, zu wenig Bewegung, Stress – und wie schwer es uns fällt, solche Gewohnheiten zu ändern!

Kaum etwas ist so wirkungsvoll wie Achtsamkeit. Sie ist in jedem von uns stets vorhanden, ganz natürlich. Ein anderes Wort dafür ist Gewahrsein oder Gegenwärtigkeit. Es ist wie ein aus sich selbst heraus strahlendes Licht. Und doch sind wir uns dieser Kraft selten bewusst. Übungen wie die von Buddha beschriebene Atemmeditation helfen uns, bewusster und achtsamer zu sein.

Buddha hat das höchste Gut als Nirvana beschrieben, als Verlöschen (der Ursachen des Leids). Es ist kein Objekt, das man erreichen und greifen kann, also auch kein bestimmter Glückszustand, von dem wir gern träumen. Hier und jetzt achtsam und ganz gewahr, gegenwärtig zu sein, in guten wie in widrigen Zeiten, ohne etwas erreichen oder ändern zu wollen, das wurde vor allem im Zen zum zentralen Punkt der Lehre Buddhas. Das ist gemeint mit dem geflügelten Wort: »Der Weg ist das Ziel.«

Achtsamkeit wird für den, der sie immer wieder übt, zunehmend zu einer Lebensqualität, die sich selbst genügt. Sie wird wichtiger als das Bemühen, möglichst immer nur Angenehmes zu erfahren. Misserfolge, Fehler, Krankheit, Schmerz, Trauer – sie gehören nun einmal zu unserem Leben auf der Erde. Im Licht des Gewahrseins werden sie einfach so wahrgenommen, wie sie sind. Sie tauchen auf und vergehen, wie alles im Leben. Gesundheit würde dann bedeuten: Nicht vermeiden, nicht fürchten, nicht dramatisieren, nicht festhalten, sondern die Ereignisse und Erlebnisse einfach fließen lassen.

Achtsamkeit oder Gewahrsein wird in der buddhistischen Tradition auch mit einem Feuer verglichen, das Unheilsames in Heilsames verwandelt. Feuer ist das Element der Reinigung und Umwandlung. Die Alchimisten des Mittelalters verwendeten Feuer, um Blei in Gold zu verwandeln. Chemiker erhitzen auch heute noch Substanzen im Reagenzglas über dem Bunsenbrenner, um Elemente voneinander zu trennen oder neue Verbindungen eingehen zu lassen. Agni, das Feuer der Verdauung, verwandelt die aufgenommene Nahrung in körperliche Kraft und Energie. Und so verwandeln sich »im Feuer des Gewahrseins« Wut, Neid oder Angst in Mitgefühl, Freude und Gelassenheit.

Im Zentrum der Vipassana-Meditation steht das genaue Beobachten des Atemflusses: wie der Luftstrom durch die Nasenlöcher ein- und ausströmt. Nichts weiter. Es erfordert Geduld und Training, solche feinen Empfindungen genau zu beobachten.

Buddha empfahl die Technik einem seiner Schüler, Girimananda, der schwer krank war und um Hilfe bat. Im Girimananda-Sutra aus dem frühen Pali-Kanon riet er ihm zu beobachten, woran er festhält und ob es sich wirklich lohnt, sich an diesen Körper (mit seinen Gebrechen, Blut, Eiter, Urin usw.) zu klammern. Er zeichnet dabei kein attraktives Bild vom Körper. Für jemanden, der vielleicht bald sterben muss, kann das jedoch eine Hilfe sein.

Bekannt geworden sind vor allem seine detaillierten Anleitungen, den Atem zu beobachten. Wir atmen ununterbrochen ein und aus. Stockt dieser Atemrhythmus, droht Lebensgefahr. Doch meist sind wir uns dieses Lebenselixiers gar nicht bewusst. Hier ein kurzer Auszug aus Buddhas Rede an Ananada, der die Botschaft an Girimanada weiterleiten sollte:

»Was aber, Ananda, ist die Achtsamkeit bei Ein- und Ausatmung? Da begibt sich der Mönch in den Wald, an den Fuß eines Baumes oder in eine einsame Behausung. Mit gekreuzten Beinen setzt er sich nieder, den Körper gerade aufgerichtet, die Achtsamkeit vor sich gegenwärtig haltend. Achtsam atmet er ein, achtsam atmet er aus.

Atmet er kurz ein, so weiß er: ›Ich atme kurz ein‹; atmet er kurz aus, so weiß er: ›Ich atme kurz aus.‹ Atmet er lang ein, so weiß er: ›Ich atme lang ein‹; atmet er lang aus, so weiß er: ›Ich atme lang aus.‹ ›Den ganzen (Atem-)Körper klar empfindend, will ich einatmen‹, so übt er sich. ›Den ganzen (Atem-)Körper klar empfindend, will ich ausatmen‹, so übt er sich. ›Die Körperfunktion beruhigend, will ich einatmen‹, so übt er sich. ›Die Körperfunktion beruhigend, will ich ausatmen‹, so übt er sich.« (4)

Die praktische Übung besteht darin, sich täglich wenigstens 10 Minuten lang still und aufrecht hinzusetzen und nur darauf zu achten, wie der Atem durch die Nase ein- und ausströmt. Allmählich wird diese Meditation sich auf den gesamten Alltag ausbreiten. Immer öfter werden wir auf unseren Atem achten. Den Atem bewusst zu erleben ist zwar nichts Aufregendes, aber doch liegt darin etwas geradezu Liebliches, Sanftes, eine Feinheit, die uns gelassen und heiter macht. Bald werden wir auch in stressigen Situationen darauf zurückgreifen – ja, es wird zu einer Art Selbstverständlichkeit. Und das verändert unser Leben. Wir regen uns nicht mehr so schnell auf, gehen behutsamer mit uns selbst und anderen um, ruhen stärker in uns selbst und im gegenwärtigen Augenblick.

Kontemplation 1: Wo ist das Ich?

Die folgende Anleitung zur Selbsterforschung stammt von der bekannten deutschen Theravada-Buddhistin Ayya Khema:

»Wir wollen einmal von Kopf bis Fuß durch unseren Körper gehen. An die Stellen, die wir besonders spüren, so dass wir genau wissen: Hier ist mein Körper. Auch die Grenzen des Körpers betrachten und sagen: So weit reicht mein Körper. Und dann in diesen Körper hineingehen. Sozusagen in die Mitte des Körpers. Und mal nachschauen, ob irgendwo etwas erscheint, das sagt: ›Dieser Körper bin ich.‹ Oder kann ich nachempfinden, dass hier einfach nur ein Körper sitzt? Ein Körper von einer gewissen Größe und Breite, mit gewissen Empfindungen, Berührungskontakten, Wärme oder Kälte. Und dass da nirgends irgendetwas ist, das je gesagt hat: ›Das bin ich.‹ Außer unser eigener Geist. Der hat in den Spiegel geschaut und hat gesagt: ›Das bin ich.‹

Und uns daran erinnern, wie veränderlich dieser Körper ist. Wie wir also, wenn das wirklich Ich sein sollte, schon Hunderte und Aberhunderte von Ichs waren in diesem Leben. Wir haben schon so anders ausgesehen und so anders empfunden. Kann das stimmen?

Wir können noch einmal den Körper von Kopf bis Fuß durchgehen und schauen, ob da irgendwo eine Tatsache zu finden ist, die auf Ich oder Mein hindeutet. Oder ob diese Tatsache nicht einfach ist: ein Körper.

Und jetzt wollen wir den Beobachter, der diesen Körper wahrnimmt und versucht, hinter die Ich-Illusion zu schauen, einmal befragen, ob er Ich heißt. Oder ob er einfach nur beobachtet. Hat dieser Beobachter je behauptet, Ich zu heißen? Oder haben wir uns das ausgedacht? Und gleichzeitig erkennen, dass dieser Beobachter auch kommt und geht. Manchmal ist er überhaupt nicht da. Wo geht er eigentlich hin, wo kommt er her?

Und jetzt wollen wir zu einem Sinneskontakt gehen. Das könnte der Berührungskontakt sein beim Sitzen. Es könnte auch der Hörkontakt sein, oder Denken. Wir können es uns aussuchen. Und einmal feststellen, dass wir natürlich glauben: Ich sitze. Ich berühre. Ich denke. Ich höre. Wieso? Wie sind wir darauf gekommen? Ist bei dem Berührungskontakt irgendetwas, was sich Ich nennen kann? Desgleichen bei den anderen Sinneskontakten. Und man kann sich auch einmal die anderen Sinneskontakte, die wir haben, Sehen und Schmecken und Riechen, vorstellen. Denn wir haben sie schon Tausende von Malen gehabt. Wo steckt das Ich? Haben wir es hineingesteckt, oder ist es wirklich da drin?

Und jetzt wollen wir das Gefühl untersuchen, ein gerade vorhandenes unangenehmes oder angenehmes Gefühl. Ist es Ich? Können wir behaupten, dass es uns gehört? Dann würden wir es doch, wenn es angenehm ist, nicht wieder abgeben. Und das Unangenehme überhaupt nicht zulassen. Wie können wir also behaupten, es ist mein? Können wir ein Gefühl dafür bekommen, dass es einfach *ist*?

Wir wollen einmal in unsere Emotionen hineinschauen und fragen, wieso wir uns damit identifizieren, wieso wir nicht einfach die Emotionen Emotionen sein lassen.

Und jetzt wollen wir uns unsere Wahrnehmungen vornehmen. Die Wahrnehmung gleicht einem Etikett. Wo wir zum Beispiel sagen: ›Das ist der Himmel‹ oder ›Dieser Mensch ist hübsch oder hässlich.‹ Die Wahrnehmung: ›Das schmeckt gut.‹ Alle Wahrnehmungen, die wir uns vorstellen können. Wann hat eine Wahrnehmung sich je gemeldet und gesagt: ›Ich gehöre dir. Ich bin dein. Ich heiße Ich.‹? Können wir ein Gefühl dafür bekommen, dass eine Wahrnehmung einfach eine Wahrnehmung ist? Sie gehört mit zu unserem Programm des Menschseins, des täglichen Lebens. Aber wir müssen nicht identifiziert damit sein. Können wir Abstand nehmen und neutral beobachten? Und feststellen, dass niemand und nichts uns dazu zwingt zu glauben, ›das ist meines, das bin ich‹.

Und jetzt wollen wir unsere Reaktionen, unsere Gedankenformationen anschauen. Bei der Wahrnehmung ›Das schmeckt gut‹ ist die Reaktion meist: ›Ich möchte mehr haben.‹ Oder: ›Das tut weh‹ als Wahrnehmung. Reaktion: ›Ich möchte weg davon.‹ Die Reaktionen oder auch die Ideen, wie was zu machen wäre, wie wir alles besser und schöner machen könnten. Nichts falsch damit. Aber wieso glauben wir, dass diese Ideen Ich heißen, mir gehören? Können wir erkennen, dass sie kommen und gehen?

Sinneskontakte, Gefühle und Emotionen, Wahrnehmungen, Gedanken und Reaktionen, alle kommen und gehen. Und dennoch glauben wir, dass das Ich die ganze Zeit vorhanden ist?

Wir wollen jetzt einmal versuchen, die Idee des Ichs, oder des Selbst, des Egos, wie immer wir das nennen wollen, an uns abgleiten zu lassen. Es nicht mehr festzuhalten, sondern es ganz sanft und sachte loszulassen. Die Idee gleitet an uns herab und verflüchtigt sich. Zerfällt wie jede Idee, der man nicht nachläuft.

Und nun wollen wir versuchen, etwas festzustellen: Wenn sich wirklich weder im Körper noch im Geist ein Ich befindet, wenn da nur Phänomene sind, die entstanden sind und wieder vergehen, können wir dann das Gefühl bekommen, eine Bürde loszulassen? Nichts ist zu beweisen. Nichts ist zu erledigen. Es ist schon alles erledigt. Wir haben es nur noch nicht gemerkt. Wir wollen das einmal nachvollziehen. Was das für uns bedeuten könnte, wenn wir so empfinden würden.« (5)

Kontemplation 2: Wer oder was nimmt wahr?

Wenn wir in diese Welt hineingeboren werden, lernen wir nach und nach einzuordnen und zu verstehen, was wir da alles wahrnehmen. Ein Leben lang sind wir mit Inhalten beschäftigt. Doch wer oder was nimmt all das wahr – die Dinge, die Welt, die Empfindungen, Gefühle und Gedanken? Diese Frage können wir uns in jedem Moment stellen. Wir können, müssen dafür aber nicht eine tägliche Meditationssitzung festlegen. Die Frage nach dem, was gerade wahrnimmt, kann gerade dann sehr hilfreich sein, wenn wir unter Schmerzen oder Angst leiden. In der indischen Tradition bedeutet sie die Rückbesinnung auf Atman, auf das, was jenseits von Geburt, Tod und allem Leiden ist.

Es hört sich unerreichbar an, doch es ist unser Kern, die Quelle unseres Lebens. Wir sind das bereits, immer und ewig. Und es bedarf keiner spirituellen oder philosophischen Vorbildung, um sich selbst diese einfache Frage zu stellen: Was nimmt jetzt wahr? Ob es nun Angst, Sorge, Schmerz oder Verzweiflung ist – wir sind mehr als das. All diese Empfindungen und Sorgen könnten nicht existieren ohne unser Bewusstsein. Das gehört natürlich nicht uns persönlich. Wir – mit all den Schmerzen und Ängsten, aber natürlich auch mit unseren Freuden und Vergnügungen – tauchen darin auf wie Gestalten auf einer Filmleinwand.

Es kann tröstlich sein zu wissen, dass wir nicht der Körper mit seinen Schmerzen und seiner Vergänglichkeit sind. Wir sind im tiefsten Wesen das, was all diese Erscheinungen erlebt und dabei stets »dasselbe« bleibt, was uns als Kinder erlebte und als Alternde und Sterbende erfährt. Wir können es nicht direkt wahrnehmen, doch wir wissen im Grunde: *Das* bin ich wirklich! Wer oder was liest jetzt diese Worte, versteht ihren Sinn? Wir spüren nach, folgen einfach der Richtung der Frage, ohne irgendwelche angelesenen Theorien hinzuzuziehen. Wir sind so ganz und gar mit dem, was jetzt ist – und zugleich jenseits davon. (6)

Test: Welcher Dosha-Typ bin ich?

Ein Fragebogen, um herauszufinden, welcher Dosha-Typ man ist, das wird von einem Ayurveda-Buch erwartet. Sie finden einen solchen Selbsttest auch hier: 32 Eigenschaften, körperliche und seelische, sind in der folgenden Tabelle aufgeführt. Kreuzen Sie in den unter V (Vata), P (Pitta) und (K) Kapha angezeigten Kästchen jeweils nur eines an und zählen sie anschließend zusammen.

Überwiegt eine der Energien stark die beiden anderen, also zum Beispiel 18 K, 8 P und 6 V, dann sind Sie ein Kapha-(Mono-)Typ. Sind zwei der Qualitäten in etwa gleich stark, also etwa 14 K, 12 P und 6 V, dann sind Sie ein Kapha-Pitta-Dual-Typ. Sind alle drei Doshas ungefähr gleich stark, dann sind Sie ein Dreifach-Typ.

Dieser Test ist im Rahmen dieses Buches wichtig, weil Sie für den praktischen Teil der Selbstbehandlung Ihren Konstitutionstyp kennen sollten. Besser als die Selbsteinschätzung über diesen recht pauschalen Fragebogen ist allerdings die Diagnose eines Ayurveda-Arztes, nicht zuletzt, weil wir alle zum Selbstbetrug neigen. Doch auch die Auseinandersetzung mit den Fragen hier im Buch kann Ihnen bereits interessante Aufschlüsse geben – etwa wenn wir unsere eigene Einschätzung mit denen von Freunden vergleichen.

Der Selbstcheck enthält mehr Fragen zum Körper als zur Seele. Doch Sie können sicher sein, dass Symptome wie trockene Haut oder brüchige Nägel immer auch etwas mit seelischen bzw. emotionalen Eigenschaften einer Person zu tun haben. Doch die scheinbar rein körperlichen Phänomene bestimmen nun einmal den Typ, und von diesem Schwerpunkt oder Zentrum ausgehend lassen sich wiederum die meisten der psychosomatischen Störungen ausgleichen.

Ich empfehle jedem, diesen Test nach zwei Wochen noch einmal so ehrlich wie möglich durchzuführen. Mit dem Gesamtergebnis können Sie sich dann immer wieder, je nach aktuellem Bedarf, der Selbstbehandlung zuwenden.

Richtlinien für die Bestimmung Ihres Konstitutionstyps

Beobachtung	V	P	K	Vata	Pitta	Kapha
Körpergröße	☐	☐	☐	klein	mittel	groß
Körpergewicht	☐	☐	☐	leicht	mittelschwer	übergewichtig
Haut	☐	☐	☐	dünn, trocken, kalt, rau, dunkel	glatt, ölig, warm, rosig	dick, ölig, kühl, weiß, blass
Haare	☐	☐	☐	stumpfbraun, schwarz, verknotet, brüchig, dünn	glatt, ölig, blond, grau, rot, kahl	dick, lockig, ölig, gewellt, viel Haar, alle Farben
Zähne	☐	☐	☐	vorstehend, groß, weit auseinander, dünnes Zahnfleisch	mittelgroß, weich, empfindliches Zahnfleisch	gesund, weiß, robustes Zahnfleisch
Nase	☐	☐	☐	unregelmäßige Form, schiefer Nasenrücken	lang und spitz, rote Nasenspitze	kurz und abgerundet, Stupsnase
Augen	☐	☐	☐	klein, unruhig, trocken, aktiv, schwarz, braun, tiefliegend	scharf, grün, grau, leuchtend, gelb/rötlich, lichtempfindlich	groß, schön, blau, still, liebevoll
Nägel	☐	☐	☐	trocken, rau, brüchig	scharf, elastisch, rosa, glänzend	dick, ölig, glatt, poliert
Lippen	☐	☐	☐	trocken, rau, spröde, rissig	rot, entzündet, gelblich	glatt, ölig, blass, weißlich
Kinn	☐	☐	☐	schmal, eckig	spitz zulaufend	rund, Doppelkinn
Wangen	☐	☐	☐	faltig, hohl	glatt und flach	gerundet, plump
Hals	☐	☐	☐	dünn, lang	mittel	dick, faltig
Brust	☐	☐	☐	flach, eingefallen	mittelmäßig	breit, rund
Bauch	☐	☐	☐	dünn, flach, eingefallen	mittelmaßig	dick, Spitzbauch
Bauchnabel	☐	☐	☐	klein, unregelmäßig, bruchsackartig	oval, flach	groß, tief, rund, auseinandergezogen
Hüften	☐	☐	☐	schmal, schlank	mittelmäßig	schwer, breit

BEOBACHTUNG	V	P	K	VATA	PITTA	KAPHA
Gelenke	☐	☐	☐	kalt, knackend	mittelmäßig	groß, gleitfähig
Appetit	☐	☐	☐	unregelmäßig, gering	groß, unerträglich	gemäßigt, aber stetig
Verdauung	☐	☐	☐	unregelmäßig, erzeugt Blähungen	schnell, verursacht Sodbrennen	langsam, erzeugt Schleim
Geschmack, natürliche Vorliebe	☐	☐	☐	süß, sauer, salzig	süß, bitter, adstringierend	bitter, pikant, adstringierend
Durst	☐	☐	☐	wechselhaft	übermäßig	spärlich
Ausscheidung	☐	☐	☐	Verstopfung	Tendenz zu Durchfall	dick, ölig, träge
Körperliche Aktivität	☐	☐	☐	hyperaktiv	mittelmäßig	sitzend
Geistige Aktivität	☐	☐	☐	immer aktiv	mittelmäßig	dumpf, langsam
Gefühle	☐	☐	☐	Angst, Sorge, Unsicherheit, flexibel	Wut, Hass, Eifersucht, entschlossen	Ruhe, Gier, Anhaftung
Glaube	☐	☐	☐	variabel, veränderlich	intensiv, fanatisch	beständig, tief, sanft
Intellekt	☐	☐	☐	schnelle, aber oft falsche Reaktion	zutreffende Reaktion	langsam, exakt
Gedächtnis	☐	☐	☐	gutes Kurzzeit-, schlechtes Langzeitgedächtnis	scharf	langsam und andauernd
Träume	☐	☐	☐	schnelle, aktive, viele Träume, Angstträume	heftig, Träume von Krieg und Gewalt	Träume von Seen, Schnee, romantisch
Schlaf	☐	☐	☐	leichter, unterbrochener Schlaf, Schlaflosigkeit	kurzer, aber guter Schlaf	tiefer, langer Schlaf
Sprechweise	☐	☐	☐	schnell, undeutlich	klar, durchdringend	langsam, monoton
Umgang mit Geld	☐	☐	☐	arm, gibt Geld für Banalitäten aus	gibt Geld für Luxus aus	reich, guter Wirtschafter

GESAMT:

Doshas und Ernährungsempfehlungen

Empfehlenswerte Lebensmittel bei Vata-Dominanz:

Allgemein	Überwiegend salzig, süß und sauer schmeckende Nahrung
Getreide	Hafer – Brot, Flocken (gekocht) Weizen – Nudeln, Brot, Grieß (gekocht) Reis – Basmatireis, Vollreis
Hülsenfrüchte	Rote Linsen, Kichererbsen, Tofu (in kleinen Mengen), grüne und gelbe Mungbohnen
Obst (süße, reife Früchte)	Orangen, Pfirsiche, Nektarinen, Ananas, Weintrauben, Mangos, Bananen, Avocados, Melonen, Papayas, Kirschen, Beerenobst, Kokosnüsse, frische Datteln, frische Feigen
Nüsse und Samen	Sesamsamen, Mandeln (geschält), Cashewnüsse, Kürbiskerne, Sonnenblumenkerne
Gewürze und Kräuter	Kümmel, Kardamom, Zimt, schwarzer Pfeffer, Steinsalz, Ingwer, Cumin, Asafoetida, Anis, Fenchel, Kurkuma, Bockshornkleesamen, Lorbeer, Muskat, Basilikum, Thymian, Koreandergrün
Süßungsmittel	Palmzucker, Birnendicksaft, Ahornsaft, Honig, Melasse, Kandiszucker (wenig), Zuckerrohrgranulat
Öle	Sesamöl, Sonnenblumenöl, Olivenöl
Milchprodukte	Butter, Sahne, Ghee, Lassi, Frischkäse, Milch

Gemüse	Rote Bete, Spargel, grüne Bohnen, Linsen, Bataten (Süßkartoffeln), Gurken, Möhren, Radieschen, Rettich

Meiden oder zumindest reduzieren sollte man bei Vata-Dominanz folgende Lebensmittel:

Allgemein	Rohes Gemüse und Salate
Getreide	Gerste, Mais, Buchweizen, Roggen, Hafer (ungekocht), Hirse
Hülsenfrüchte	Alle Hülsenfrüchte, außer den oben genannten
Obst	Granatäpfel, Preiselbeeren, Birnen, unreifes Obst, insbesondere Bananen
Süßungsmittel	Honig und weißen Zucker in großen Mengen
Fleisch	Rotes Fleisch wie Schweinefleisch und Rindfleisch
Gemüse und Salate	Kohlarten wie Rosenkohl, Brokkoli, Blumenkohl, Weiß- und Rotkohl, Paprika, Auberginen, Pilze und Sprossen

Empfehlenswerte Lebensmittel bei Pitta-Dominanz:

Allgemein	Überwiegend süß, herb und bitter schmeckende Nahrung. Die Getränke und Speisen sollten beim Verzehr nicht zu heiß sein.
Getreide	Hafer – Brot, Flocken (gekocht) Weizen – Nudeln, Brot, Grieß Reis – Basmatireis, weißer Reis Gerste
Hülsenfrüchte	Kichererbsen, Tofu, grüne und gelbe Mungbohnen, Sojaprodukte

Obst (süße, reife Früchte)	Avocados, Bananen, Birnen, Feigen, Datteln, Weintrauben, Mangos, Kokosnüsse, Granatäpfel, Rosinen, Melonen, Süßkirschen
Nüsse und Samen	Sonnenblumenkerne, Cashewnüsse, Kürbiskerne
Gewürze und Kräuter	Kurkuma, Kardamom, Korianderkörner, Fenchel, Ingwer (in Maßen), Zimt, Cumin, Salz (in Maßen) und schwarzer Pfeffer
Süßungsmittel	Alle außer Honig und Melasse
Öle	Sonnenblumenöl, Olivenöl, Sojaöl, Kokosöl
Milchprodukte	Butter (ungesalzen), Sahne, Ghee, Lassi, Frischkäse, Milch, Eis (in Maßen)
Gemüse	Spargel, grüne Bohnen, Zucchini, grünes Blattgemüse, Salat, Okra, Sellerie, Staudensellerie, Gurken, Blumenkohl, Rosenkohl, grüne Paprikaschoten, Sprossen, Kürbisse, Erbsen, Kartoffeln

Meiden oder zumindest reduzieren sollte man bei Vata-Dominanz folgende Lebensmittel:

Milchprodukte	Alle Sauermilchprodukte wie Jogurt, Käse, Buttermilch, Sauerrahm, Quark
Getreide	Hirse, Mais, Buchweizen, Roggen, braunen Reis
Hülsenfrüchte	Linsen (außer als Suppe), rote Linsen
Obst	Alle sauren Früchte wie saure Äpfel, Pflaumen, Orangen
Öle und Fette	Sesamöl, Mandelöl, Maisöl
Fleisch und Eier	Rotes Fleisch wie Schweinefleisch und Rindfleisch, Meerestiere, Eidotter
Gemüse und Salate	Rote Beete, Karotten, Auberginen, Rettich, Radieschen, Tomaten, scharfe Paprika, Spinat

| Gewürze | Scharfe Gewürze wie Cayennepfeffer, Pfeffer in gro-ßen Mengen, Chilis, Anis, Nelken, Kümmel, Senf-körner, Zwiebeln, Knoblauch, Salz, Essig, Ketchup |

Empfehlenswerte Lebensmittel bei Kapha-Dominanz:

Allgemein	Überwiegend scharfe, herbe oder bittere Nahrung. Warme Speisen und Getränke, aber nichts Frittiertes, leichte Kost
Getreide	Buchweizen, Basmatireis, Roggen, Gerste, Hirse, Mais
Hülsenfrüchte	Alle empfehlenswert, außer weißen dicken Bohnen und Sojabohnen, grünen und gelben Mung-bohnen, Kichererbsen, roten Linsen
Obst (süße, reife Früchte)	Kirschen, Beerenobst, Äpfel, Mangos, Granatäpfel, Trockenfrüchte (Aprikosen, Rosinen, Pflaumen, Feigen)
Nüsse und Samen	Nur wenig. Sonnenblumenkerne, Kürbiskerne
Gewürze und Kräuter	Alle empfehlenswert außer Salz. Besonders geeig-net: Ingwer. Ansonsten: schwarzer Pfeffer, Korian-derkörner, Kurkuma, Zimt, Gewürznelken, Karda-mom, Paprikapulver, Petersilie, Koriandergrün, Cumin, Senfsamen, Kapha-Churna
Süßungsmittel	Alle außer Honig und Melasse
Öle	Sonnenblumenöl, Olivenöl, Sojaöl, Kokosöl
Milchprodukte	Butter (ungesalzen), Sahne, Ghee, Lassi, Frisch-käse, Milch, Eis (in Maßen)
Gemüse	Spargel, grüne Bohnen, Zucchini, grünes Blatt-gemüse, Salat, Okra, Sellerie, Staudensellerie, Gurken, Blumenkohl, Rosenkohl, grüne Paprika-schoten, Sprossen, Kürbisse, Erbsen, Kartoffeln

Meiden oder zumindest reduzieren sollte man bei Kapha-Dominanz folgende Lebensmittel:

Milchprodukte	Käse, Quark, Jogurt, Sauermilch, Dickmilch
Getreide	Braunen Reis, Haferflocken, Weizen oder weißen Reis in großen Mengen
Hülsenfrüchte	Sojaprodukte, weiße und schwarze Bohnen
Obst	Bananen, süße Weintrauben, süße Melonen, Avocados, Ananas, Orangen, Pflaumen, Mangos, Kokosnüsse, Aprikosen
Nüsse und Samen	Alle Nüsse
Süßungsmittel	Zucker, Sirup, Melasse
Fleisch und Eier	Alle Meerestiere, Rind- und Schweinefleisch, Lamm
Gewürze	Salz

Übersichten aus: Christian Salvesen/Doris Iding, *Ayurveda hautnah,* S. 172–183.

Anmerkungen

Teil I

1 In der Sanskritübertragung:
»hitahitam sukham duhkham-ayustasya hitahitam
manam ca tacca yatroktam ayurvedam sa ucyate«
Charaka Samhita, *Sutrasthanam*, Kap.1, Vers 41. Deutsche
Übersetzung in: Srikanta Sena: *Ayurveda-Lehrbuch. Kompendium des Ayurveda-Klassikers Caraka-Samhita. Band 1.* Vasati
Verlag, Schöna 2003, S. 46

2 Charaka-Samhita, *Sutrasthanam*, Kap. 1, 59–60, Sena, op. cit.
S. 51

3 Charaka-Samhita, *Sutrasthanam*, Kap. 1, 65–66, Sena, S. 52

4 Mehr dazu in Christian Salvesen/Vera Brandes: *Leben im Rhythmus.* O.W. BarthVerlag, Frankfurt a. M. 2006

5 Quelle: Focus 6/2004, S. 84

6 Quelle: Linus Geisler: *Arzt und Patient. Begegnung im Gespräch.*
Pharma Verlag, Frankfurt a. M. 1992; Auszüge:
www.linus-geisler.de

7 Clemens Kuby: *Heilung – das Wunder in uns. Selbstheilungsprozesse entdecken.* Kösel, München 2005

8 Charaka Samhita, *Sutrasthanam XI*, 57, zit. n. Verma, S. 220f.

Teil II

1 Spiegel 4/2006, S. 162

2 Spiegel, ebd.

3 Literatur: Margot Schmitz, Michael Schmitz: *Seelenfraß. Wie Sie den inneren Terror der Angst überwinden.* Verlag Carl Uebereuter, Wien 2005

Wolfgang Schmidbauer: *Lebensgefühl Angst*. Herder, Freiburg 2005

4 Nach Vasant Lad: *Selbstheilung mit Ayurveda*, op. cit., S. 168

5 Nach Vasant Lad: *Selbstheilung mit Ayurveda. Das Standardwerk der indischen Heilkunst*. O.W. Barth Verlag, Bern, München, Wien ⁵2003, S. 261 ff.

6 Nach: Christian Salvesen/Vera Brandes: *Leben im Rhythmus. Die heilenden Kräfte der Klänge, Schwingungen und Gefühle*. O. W. Barth Verlag, Frankfurt a. M. 2006, S. 197

7 Siehe auch Focus Nr. 7, 2006, S. 52 ff.

8 Nach Vasant Lad: *Selbstheilung mit Ayurveda*, S. 190 ff.

9 Quelle: http://www.dhaallergien.de/html/f_allergie.html

10 Nach Vasant Lad: *Selbstheilung mit Ayurveda*, S. 156 ff.

11 Quelle: http://www.gesundheitslexikon.de/ghl_pms.html

12 Quelle: Focus 9/2006, Buchempfehlung: Jürg Willi, Bernhard Limacher (Hrsg.): *Wenn die Liebe schwindet*. Klett-Cotta, Stuttgart 2005

13 Mehr dazu in: Christian Salvesen: *Der Sechste »Tibeter«. Das Geheimnis erfüllter Sexualität*. Scherz Verlag, München 2002

14 Nach Vasant Lad: *Selbstheilung mit Ayurveda*, S. 255

15 Nach Vasant Lad: *Selbstheilung mit Ayurveda*, S. 265–267

16 Buchtipps zur Bulimie: Christina Didszun: *Als der Schmerz aufhörte, die Seele zu essen*. Dittrich Verlag, Berlin 2005

17 Hannelore Prade: *Essstörungen endgültig heilbar. Mit »ahara-tattura-therapy« – nach Ayurveda-Richtlinien*. Prade Selbstverlag, o. O. 2004

18 Weitere Info: http://www.filmszene.de/gold/harold.html

19 Quelle: http://www.antiaging.de

Teil III

1 Folgende Texte und Abbildungen aus: Christian Salvesen: *Der Siebte »Tibeter«.* Scherz Verlag, Frankfurt a. M. 2004, S. 223–236

2 Entnommen: Christian Salvesen/Doris Iding: *Ayurveda hautnah.* O. W. Barth Verlag, Frankfurt a. M., 2005, S. 246 ff.

3 Tulku Lama Lobsang: *Lu Jong. Die älteste tibetische Bewegungslehre von den Mönchen aus den Bergen zur Heilung von Körper und Geist.* O.W. Barth Verlag, Frankfurt a. M. 2003, S. 21

4 Der Text entstammt der Anguttara Nikaya, der so genannten »Angereihten Sammlung«, darin dem »Zehner Buch« (Dasaka-Nipata, X, 60) in der Übersetzung von Nyanatiloka/Nyanaponika, Aurum Verlag, Freiburg 1984, Quelle: http://www. palikanon.com/angutt/a10_051_060.html#a_x60

5 Aus: *Mystik ist kein Mysterium. Buddhistische und christliche Meditation mit Ayya Khema.* O.W. Barth Verlag, Bern München Wien 2002, S. 201-204

6 Aus: Salvesen/Iding: *Ayurveda hautnah.* S. 254 f.

Literatur

Ayurveda

Frawley, David: *Das große Handbuch des Yoga und Ayurveda*. Windpferd, Aitrang 2001

Ders.: *Vom Geist des Ayurveda*. Windpferd, Aitrang 1999

Heyn, Birgit: *Die sanfte Kraft der indischen Naturheilkunde. Ayurveda – die Wissenschaft vom langen Leben*. O.W. Barth Verlag, Bern München Wien 1983

Lad, Vasant: *Selbstheilung mit Ayurveda. Das Standardwerk der indischen Heilkunde*. O. W. Barth Verlag, Bern München Wien 1999

Ders.: *Textbook of Ayurveda. Fundamental Principles*. The Ayurvedic Press, Albuquerque, New Mexico 2002

Salvesen, Christian und Doris Iding: *Ayurveda hautnah. Die östliche »Lehre vom Leben« für den Westen*. O. W. Barth Verlag, Frankfurt a. M. 2005

Sena, Srikanta: *Ayurveda-Lehrbuch. Kompendium des Ayurveda-Klassikers Caraka-Samhita*. Band 1 u. 2, Vasati Verlag, Schöna 2003

Tiwari, Maya: *Das große Ayurveda Handbuch*. Windpferd, Aitrang 1996

Verma, Vinod: *Ayurveda. Der Weg des gesunden Lebens. Grundlagen, Methoden und Rezepte der altbewährten Heilkunst der Inder – für westliche Menschen nutzbar gemacht*. O.W. Barth Verlag, Bern München Wien 1992

Westliche Medizin und Psychologie

Abrams, Karl J. und Hans Ludwig: *ADHD. Aufmerksamkeitsstörungen und Hyperaktivität bei Kindern und Erwachsenen. Alternativen zur medikamentösen Behandlung.* AV-Publication, Neusiedl am See 2000

Campbell, Don: *Die Heilkraft der Musik – Klänge für Körper und Seele.* Knaur/MensSana, München 2000

Didszun, Christina: *Als der Schmerz aufhörte, die Seele zu essen.* Dittrich Verlag, Berlin 2005

Eggetsberger, Gerhard H.: *Power für den ganzen Tag. Sieben Übungen zur Steigerung der Lebensenergie.* Orac Verlag, Wien 1995

Geisler, Linus: *Arzt und Patient. Begegnung im Gespräch.* Pharma Verlag, Frankfurt a. M. 1992

Gottman, John: *Die 7 Geheimnisse der glücklichen Ehe.* Ullstein 2002

Huber, Ellis: *Liebe statt Valium.* Droemer/Knaur, München 1995

Huber, Ellis und Kurt Langbein: *Die Gesundheits-Revolution.* Aufbau-Verlag, Berlin 2004

Merritt, Stephanie: *Die heilende Kraft der klassischen Musik.* Kösel, München 1998

Merten, Michaela: *Wasser. Die Glücksformel für Schönheit und Gesundheit.* Knaur, München 2004

Prade, Hannelore: *Essstörungen endgültig heilbar. Mit »ahara-tattura-therapy« – nach Ayurveda-Richtlinien.* Prade Selbstverlag, o. O. 2004

Salvesen, Christian: *Der Siebte »Tibeter«. Die eigene Stimme entwickeln und erfolgreich einsetzen.* Scherz, Frankfurt a. M. 2004

Ders.: *Blaugrüne Algen. Supernahrung für Körper und Geist.* Fit fürs Leben Verlag, Weil der Stadt 2003

Salvesen, Christian und Vera Brandes: *Leben im Rhythmus.* O.W. Barth Verlag, Frankfurt a. M. 2006

Schmidbauer, Wolfgang: *Lebensgefühl Angst*. Herder, Freiburg i. Br. 2005

Schmitz, Margot und Michael Schmitz: *Seelenfraß. Wie Sie den inneren Terror der Angst überwinden*. Verlag Carl Ueberreuter, Wien 2005

Servan-Schreiber, David: *Die Neue Medizin der Emotionen. Stress, Angst, Depression: Gesund werden ohne Medikamente*. Verlag Antje Kunstmann, München 2004

Schirrmacher, Frank: *Das Methusalem-Komplott*. Blessing Verlag, München 2003

Verres, Rolf: *Die Kunst zu leben – Krebs und Psyche*. Herder Spektrum, Freiburg i. Br. 2003

Willi, Jürg und Bernhard Limacher (Hrsg.): *Wenn die Liebe schwindet*. Klett-Cotta, Stuttgart 2005

Spiritualität, Yoga, Meditation

Berendt, Joachim-Ernst: *Nada Brahma. Die Welt ist Klang*. Rowohlt, Reinbek 1993

Bottini, Oliver: *Das große O.W. Barth-Buch des Buddhismus*. O. W. Barth Verlag, Frankfurt a. M. 2004

Buddha: Girimananda Sutta, Buch X aus Anguttara Nikaya, der »Angereihten Sammlung«, in der Übersetzung von Nyanatiloka/Nyanaponika, Aurum Verlag, Freiburg i. Br. 1984

Clark, Dr. Barry (Hrsg.): *Die Tibeter-Medizin*. O.W. Barth Verlag, Bern München Wien 1997

Chopra, Deepak: *Jung bleiben – ein Leben lang*. Droemer/Knaur, München 2003

Ders.: *Die Körperseele*. Droemer/Knaur, München 2001

Ders.: *Frieden statt Angst. Wie wir in einer bedrohten Welt Hoffnung und Lebensfreude zurückgewinnen*. Ullstein/Allegria, Berlin 2006

Fryba, Mirko: *Anleitung zum Glücklichsein. Die Psychologie des Abhidhamma.* Hermann Bauer Verlag, Freiburg i. Br. 1987

Kelder, Peter und Christian Salvesen: *Die Fünf »Tibeter« und Der Sechste »Tibeter«.* S. Fischer, Frankfurt a. M. 2004

Khema, Ayya: *Mystik ist kein Mysterium. Buddhistische und christliche Meditation mit Ayya Khema.* O.W. Barth Verlag, Bern München Wien 2002

Kuby, Clemens: *Heilung – das Wunder in uns. Selbstheilungsprozesse entdecken.* Kösel, München 2005

Lobsang, Tulku Lama: *Lu Jong. Die älteste tibetische Bewegungslehre von den Mönchen aus den Bergen zur Heilung von Körper und Geist.* O.W. Barth, Frankfurt a. M. 2003

Salvesen, Christian.: *Advaita. Vom Glück mit sich und der Welt eins zu sein.* O. W. Barth Verlag, Frankfurt a. M. 2003

Ders.: *Der Sechste »Tibeter«. Das Geheimnis erfüllter Sexualität.* Scherz Verlag, Bern München Wien 2002

Tonträger

Ayurveda

Bruce Becvar, Deepak Chopra: Magic of Healing Music. Vata, Pitta, Kapha. 2 CDs. Allegro Corporation
    Mandarava, Miyagi: Ayurveda. Wellness M/Town Music
    Chaurasia, Hariprasad: Healing Music for Ayurveda. (Indische Musik!) Oreade/Silenzio
    Garattoni/Einklang: Ayurveda. BMG
    Secrets of Ayurveda: Healing Music for Energy, Healing. Und: Music for Relaxation. (2 CDs, Indische Musik!) Windpferd
    Tibetan Secrets: The Flow of Love. (3 CDs: Lung, Tripa, Bälen) Medial/Silenzio
    Various Artists: Ayurveda. Delta Music
    Various Artists: Ayurveda. Buddha Lounge 4. Electric I/rough trade

Chakras allgemein

Bollmann, Christian: Heilende Klänge. Lichthaus-Musik
    Goldman, Jonathan: Chakra-Chants. Etherean/Silenzio
    Halpern, Steven: Spectrum Suite. Silenzio
    Kamal: Chakra Breathing. New Earth/Silenzio
    Motal, Hannes: Die Fünf »Tibeter«. Musik pur für Bewegung, Tanz und kreative Entspannung. Scherz Verlag
    Osho/Deuter: Kundalini Meditation. New Earth/Silenzio
    Santo: Oberton Chakra Meditation. Osho Verlag

Erstes bis drittes Chakra

Asher, James: Feet in the Soil. New Earth/Silenzio
Gabrielle Roth: Bones; Initiation; Ritual; Trance; Waves u. a. Raven/ZYX
Flatischler, Reinhard: Schinore; Coreana; Drumming Together; Ketu; Layers of Time. Intuition/SMV
Various Artists: Tribal Beats From Planet Earth. Blue Flame/ BMG

Viertes und fünftes Chakra und Mantras

Deva Premal: Embrace; The Essence; Love Is Space u. a. Prabhu/Silenzio
Magic Earth: Women of Power; Grace New Spirit. EMI-Elektrola
Miten: Blown Away u. a. Prabhu/Silenzio

Sechstes und siebtes Chakra und Mantras

Al Gromer Khan/Amelia Cuni: Monsoon Point. New Earth/Silenzio
Chaurasia, Hari Prasad: Raags Yaman; Shivaranjani. (Indische Flöte) Chhanda Dhara/Silenzio
Crystal: Bluegreen. AIM/Silenzio
Gorn, Steve: Parampara. (Indische Flöte) Wergo/SMD
Gyuto Monks: Freedom Chants. Ryko/Intuition
Oehlmann, Johannes: Gongs, Klang, Trance. Audio-CD, Hypnos Verlag
Vetter, Michael & The Overtone Choir: Ancient Voices. Wergo/SMD

Berger, Lutz: Volle Konzentration, Kreativität & Innovation; Wohlfühlen für Einsteiger; Richtiges Atmen; Wohlfühlen im Alltag u. a. Silenzio Music

Bischof & Weeratunga: Flowing Power. Erdenklang Music

Dahlke, Ruediger: Selbstheilung; Angstfrei leben; Tiefenentspannung zur Synchronisation beider Gehirnhälften. Goldmann

Doch, Tom: Hallo Erdling – Klänge für die Zeit im Mutterleib und danach. Birdart. www.birdart.de

Einklang med (Tom Doch, F. Försch): Tinnitushilf. BMG

Garattoni/Hensel: Einklang für Körper und Seele. Ganzheitliche Entspannung nach Jacobson. Und: Aktiv entspannen. Progressive Muskelentspannung nach Jacobson. (Hörkassette!) Edition Incontro. www.incontro.de

Garattoni/Friebel: 3 Techniken zur Schmerzbewältigung. Incontro. www.incontro.de

Leeds, Dorman, Lawrence: The Listening Programm. (8 CDs) www.soundlife.de

Rueger, Prof. Dr.: Musikalische Hausapotheke, Vol 1–5. Philips/Universal

Verres, Rolf: Feuer Wasser Erde Luft. Doppel-CD. www.rolf-verres.de

Verres, Rolf: Lichtungen – Piano Improvisationen – Eine Einladung zur Stille. Soundlife. www.soundlife.de

Various Artists: The Way to Silence. DA-Music

Various Artists: Somnia 1+2. Das natürliche Schlaftraining. infrasonics

Various Artists: The Sound Health Series. Soundlife 2003. www.soundlife.de

Adressen

Mehrere der im Folgenden angeführten Ayurveda-Einrichtungen wurden von Doris Iding im Rahmen ihrer Recherchen einer genaueren Prüfung und Beurteilung unterzogen. Nachzulesen in:

Christian Salvesen/Doris Iding, *Ayurveda hautnah*, O. W. Barth Verlag, Frankfurt a. M. 2005, S. 257 ff.

Ayurveda-Angebote (Auswahl)

Ayurveda-Zentrum München
Volkartstraße 32
D-80634 München
Tel.: 089-1665493
www.ayurveda-muenchen.de

Ayurveda Garden
Saline 3
D-74906 Bad Reppenau
Tel.: 07264-890595
www.lotus-ayurvedic-garden.de
(Leitung: Dr. Shine, Südindien)

Ayurveda Gesundheits- & Seminarzentrum
A-2133 Loosdorf 77
Tel.: 0043-252448345
www.allvedya.com
(Supervision: Hans R. Rhyner)

Ayurveda-Haus
In den Forstwiesen 27
D-56745 Bell/Eifel
Tel.: 02652-9309309
www.euroved.com

Die Wutzschleife
Hotel & Resort
Hillstett 40
D-92444 Rötz
Tel.: 09976-18450
www.wutzschleife.com
(Ärzte aus Sri Lanka, ehemals geleitet von A. Bandara)

Habichtswaldklinik
Wingardstraße 1
D-34131 Kassel
Tel.: 0561-310899
www.ayurveda-klink.de

Hotel Vier Jahreszeiten
D-79859 Schluchsee
Tel.: 07656-700
www.vjz.de

Kempinski Hotel Falkenstein
D-61462 Königstein/Falken-
stein im Taunus
Tel.: 06174-909100
www.kempinski-
falkenstein.com

Maharishi-Ayurveda-Kliniken
www.ayurveda.de/
niederlassungen.htm

Mahindra-Institut
Forsthausstraße 6
D-63633 Birstein
Tel.: 06054-91310
www.mahindra-institut.de
(auch Ausbildung!)

Privatinstitut für Ayurveda
und Naturheilkunde GbR
Halbinselstraße 43
D-88142 Wasserburg
(am Bodensee)
Tel.: 08382-998191
www.bifan.de

Zentrum für Ayurveda im
Reithofpark
Reithof 1
D-83075 Bad Feilnbach
Tel.: 08066180
www.klinik-more.de
(Leitung: Aruna Bandara)

Ayurvedische Produkte (Kräuter etc.)

Govinda-Versand »natürlich
leben«
Waldstr. 18
D-55767 Abentheuer
Tel.: 06782-989001
www.govinda-versand.de

Laxmi Foods & Versand
Aryurveda-Institut für
Ernährung
Hochriesenstraße 5
D-83253 Rimsting
Tel.: 08051-309551
www.laxmifoods.de

Maharischi-Ayurveda
http://www.mapi.com

Santulan Ayurved GmbH
Wörthstr. 13
D-81667 München
Tel.: 0879-983773
www.samtulan.com

Weitere Adressen

Kur- und Rehab-Zentrum
Althofen
Moorweg 30, A-9330 Althofen
Tel.: 0043(0) 4262/20710
www.kurbad-
althofen.at/rhythmus

Kurkliniken (Überblick):
http://www.kurkliniken.de/
cgi-bin/kliniken/kliniken.cgi

Liste Schlafmedizinische
Zentren:
http://hoffrichter.de/index.
phtml?view-95&SpecialTop=1
www.zpid.de/redact/category.
php?cat=222

Inst. für Ethno-Musik-Therapie
Dr. Gerhard Tucek
Niederneustift 66
A-3924 Schloss Rosenau
Tel.: 0043 (0) 2822-51248
www.ethnomusik.com

Ethnomed, Institut für
Ethnomedizin
Melusinenstr. 2
81671 München
Tel. u. Fax: 089-40908129
www.institut-ethnomed.de

Fachklinik Heiligenfeld
Euerdorfer Straße 4–6
97688 Bad Kissingen
Tel.: 0971/82060
Internet: www.heiligenfeld.de

SaludArt e.V. – Initiative
Kunst und Gesundheit
Moosstraße 130F
A-5020 Salzburg
Tel.: 0043-664-2550100
www.infusion.at